LOST PLACES

in Wien & Umgebung

ROBERT BOUCHAL | JOHANNES SACHSLEHNER

LOST PLACES

in Wien & Umgebung

Styria
VERLAG

INHALT

BETRETEN AUF EIGENE GEFAHR

Eine Besichtigung der in diesem Buch vorgestellten Orte und Areale erfolgt auf eigene Gefahr – Autoren und Verlag übernehmen keinerlei Verantwortung für eventuell daraus resultierende Folgen.

• • • • •

Denkmäler aus der Zeit

Space without time
is as impossible
as time without space.
Mike Crang und Nigel Thrift, Thinking Space

Was zeichnet die Orte und Räume aus, die wir besuchen? Sie sind verlassen worden, haben ihre Funktion verloren. Aus den Orten, an denen einst das Leben pulsierte, Lachen und Weinen, Glück und Verzweiflung zu Hause waren, sind vereinsamte Plätze geworden. Das Vertraute verwandelte sich in das Fremde, das Nützliche in das Nutzlose, das Laute in das Stille. Einst Teil des Alltags, tragen sie das Zeichen des Anachronistischen, Deplatzierten. Abgeschnitten vom lebendigen Fluss der Zeit ragen die *Lost Places* wie seltsame Dinosaurier in die Landschaft der Gegenwart. Manchmal sind sie überhaupt unsichtbar geworden, überwuchert von der Natur, überbaut von späteren Generationen, abgesperrt, zugeschüttet, weggesprengt, verfüllt, vergessen, verborgen, oft kaum mehr zugänglich, vielleicht auch „streng geheim". Es gilt, was der Philosoph Georg Simmel in seinem Essay über die Ruine schrieb: Sie sei eine „Stätte des Lebens, aus der das Leben geschieden ist" – eine Definition, die auch die *Lost Places* zu Gegenwelten alles Lebendigen erklärt.

Mit dem Verlust ihrer Lebendigkeit sind sie aus der Zeit gefallen. Sich selbst überlassen, entwickeln sie einen bemerkenswerten Widerstand gegen das Vorübergehen der Zeit. Gleichzeitig werden diese Orte zu nachdrücklichen Zeugen des Wandels: Ihr seltsamer Reiz liegt in der Differenz zum Heute, in der erstaunlichen Kraft, mit der sie eine vergangene Wirklichkeit in sich einschließen und zu einzigartigen Zeitkapseln werden – nirgendwo sonst ist Vergangenheit so gegenwärtig wie an den *Lost Places*. Georg Simmel sprach angesichts dieses Phänomens von der „äußersten Steigerung und Erfüllung der Gegenwartsform der Vergangenheit" – ein Urteil, das jeder nachvollziehen kann, der sich jemals auf die eigenartige, unvergleichliche Aura verlassener Orte eingelassen hat. Nichts spiegelt die Vergänglichkeit eindringlicher als die Morbidität des hier aufgefundenen Materials: Der Patina der Zeit – Moder und Rost, Verwitterung und Zerfall – wohnt ein tiefes Moment der Trauer inne, ein mahnendes *Memento mori!*, das uns alle angeht.

Nicht zuletzt können *Lost Places* wichtige „Gedächtnisorte" sein, Monumente von Tragödien und Katastrophen, aber auch Zeugen verschwundener Arbeitswelten und Technologien. Sie berichten von vergessenen Plänen und Visionen, von ehrgeizigen Unternehmungen und Konzepten, sie erzählen von den Mächtigen und Reichen vergangener Zeiten oder auch nur vom Alltag, der sich von unserer modernen Lebenswelt so deutlich unterschied. Sie sind – um mit dem bedeutenden Historiker Gustav Droysen zu sprechen – „Denkmäler aus der Zeit": Sie erinnern und erzählen, mahnen und berichten zugleich.

Die Ausflüge zu den *Lost Places* in Wien und im Umkreis der Metropole geraten so zu faszinierenden Zeitreisen zurück in jene Wirklichkeit, die einmal war. Sie bieten uns die Möglichkeit, der Sehnsucht nach dem Erfahren einer „anderen" Welt nachzugeben, das Alltägliche, Bekannte und damit schon etwas Langweilige zu verlassen und einzutauchen in das Neue, Unbekannte.

Entdecken Sie mit uns die wundersame, einzigartige Welt der *Lost Places* in und rund um Wien!

Robert Bouchal und Johannes Sachslehner

VERBORGENE UNTERIRDISCHE ORTE

Die Katakomben unter dem Theseustempel

Kaiser Franz I. ließ den antikisierenden Bau als „Weihestätte" für Canovas großartige Skulptur errichten. Unter dem in reinweißer Farbe erstrahlenden Tempel verbirgt sich eine unbekannte „zweite Welt".

Besonders an wolkenlosen Tagen fällt er auf: Eingebettet in das farbenprächtige Blumenmeer des Volksgartens und den blauen Himmel als Hintergrund, leuchtet der Theseustempel mit seinem strahlenden Weiß dem Stadtwanderer entgegen. Wienbesucher fotografieren die Nachbildung des Athener Theseions, die perspektivisch geschickt in die am 1. März 1823 eröffnete Gartenanlage eingepasst wurde, gerne. Dies war nicht immer so. Lange Zeit hindurch befand sich der imposante Tempelbau von Peter (Pietro) von Nobile in einem desolaten Zustand. Völlig heruntergekommen, war er zu einem Treffpunkt der Drogenszene geworden, ein Ort, mit dem niemand so richtig etwas anfangen konnte. Nach seiner Renovierung in den Jahren 2008 bis 2010 prangt er nun wieder in der ursprünglichen reinweißen Farbe den Besuchern entgegen und ist zu einem wahren Schmuckstück geworden. In seinem Inneren veranstaltet das Kunsthistorische Museum Ausstellungen, die kostenlos zu besichtigen

← Luft- und Temperaturverhältnisse sorgten mit der Zeit für Schäden: Der Schriftzug „Kellerei" beim Aufgang zum Volksgarten ist kaum mehr erkennbar.

sind, und irgendwie nimmt man dafür auch in Kauf, dass das imposante Bauwerk seinen eigentlichen Zweck schon seit dem Jahr 1890 nicht mehr erfüllt: der passende Dekor zu sein für Antonio Canovas großartige Theseusskulptur aus Carraramarmor, die damals ins Kunsthistorische Museum transferiert wurde und beim Transport prompt einen Arm verlor. Dass damit nachträglich Canovas künstlerische Vision endgültig zerstört wurde, kümmerte wenig – der Bildhauer hatte sich genau diese Nachbildung des Theseions als Aufstellungsort gewünscht. Bis dahin galt das „Theseum" jedenfalls als erstrangige Sehenswürdigkeit: „Der Eintritt in den Theseustempel ist täglich und zu jeder Jahreszeit unter der Aufsicht des wachehaltenden Mannes von der Hofburgwache gestattet", lesen wir in einem 1853 erschienenen Führer zur kaiserlichen Burg von Gerhard von Coeckelberghe-Dützele, der unter dem Pseudonym „Realis" publizierte. Für den aus Löwen in den Österreichischen Niederlanden stammenden Autor war der Theseustempel „der merkwürdigste Gegenstand des, dem Vergnügen des Publlicums durch die Großmuth des verewigten Kaisers Franz I. gewidmeten Volksgartens". Anton von Steinbüchel, der Direktor der kaiserlichen Antikensammlung, erblickte in ihm ein „architectonisches Prachtwerk alten Styles", das so wie das antike Gebäude „die Zierde einer der größten und schönsten Städte der Welt" sei. Untermauert wurde diese Feststellung durch einen genauen Größen- und Stilvergleich: „Das attische Gebäude ruhte in der Länge auf 13 Säulen, das neuantike aber nur auf 10, jedoch genau von dorischer Ordnung, wie bey Jenem. Der Breite oder der kürzeren Seite nach behielt man in der Kopie so wie im Originale die Zahl 6 bey. In der ganzen äußeren Länge hat es 76 und in der Breite 43 Schuh Fortifications- oder Pariser Maß. Der Durchmesser der Säulen hält genau, wie bey jenen zu Athen noch befindlichen 3 Schuh, 2 Zoll, 8 Linien."

Als „Weihestätte" für das Kunstwerk Canovas war die imposante Nachbildung des „Heidendomes" (Anton von Steinbüchel) gewiss bewundernswert, neugierige Besucher konnten aber, in „der Regel an den Freitagen von 9–12 Uhr", noch mehr sehen – jenen unterirdischen Bereich, der heute völlig in Vergessenheit geraten ist und als Pendant zur oberirdischen Tempelanlage konzipiert war. Wie bei einem Eisberg verbirgt sich ihre wahre Größe! Zur Erklärung dieses Phänomens müssen wir uns den Standort des Theseustempels genauer ansehen: Er befindet sich auf dem Areal des ehemaligen Stadtgrabens, der vor der Stadtmauer lag. Als man 1819 mit den Bauarbeiten begann, musste man, um den Niveauunterschied auszugleichen, entsprechend tiefe bzw. hohe Grundmauern vorsehen. Dadurch entstand ein Hohlraum, den man mit Erde aufschütten hätte können, Peter von Nobile entschied sich jedoch für eine andere Lösung: die Schaffung einer unterirdischen Halle, „welche durch die Art der Beleuchtung Gelegenheit zu einem angenehmen Spiele der Einbildungskraft bot, weil uns an jedem Orte das geheimnisvolle Dunkel längst verschwundener

← Der verschlossene Verbindungsgang zu den unterirdischen Gewölben.

→ Mächtige „Steinquader" in der „zweiten Welt" des Theseustempels sollten an antike Katakomben erinnern. Tatsächlich handelt es sich um Scheinarchitektur – die Struktur der Quadersteine ist nur vorgetäuscht, dahinter verstecken sich Ziegeln.

Jahrhunderte umschwebt", wie dies Coeckelberghe-Dützele später formulierte. Geplant war also eine unterirdische „Erlebniswelt", die im Ansatz auch tatsächlich geschaffen wurde. Man bestückte die entstandenen „Katakomben" mit römischen, in Wien und Umgebung gefundenen Denkmälern aus den kaiserlichen Sammlungen – mit Büsten, Grabsteinen, Sarkophagen, Opferaltären und Inschriftensteinen. Initiator dieser Unternehmung war der schon erwähnte Anton von Steinbüchel. Glanzstück der unterirdischen Schau war das berühmte, 1816 bei Stixneusiedl gefundene Mithrasrelief, das sich heute so wie alle anderen einst hier ausgestellten Objekte im Kunsthistorischen Museum befindet.

Bald gab es jedoch erste Probleme: Die ausgestellten Objekte litten unter den Temperatur- und Luftverhältnissen in den Katakomben, Schäden waren zu befürchten. Angeblich war die Schau ab 1835 nur mehr auf Anfrage zu besichtigen – ein Widerspruch zu den Angaben im Führer von Realis. Schon 1845 sollen die Objekte abgebaut und abtransportiert worden sein – acht Jahre vor Erscheinen des Buches von Realis. Sollte ihm dies unbekannt geblieben sein?

Der Eingang zur unterirdischen Schau Steinbüchels befand sich in einem „zierlichen Gebäude" auf der linken Seite des Theseustempels – heute ist der Zugang verschlossen. Über eine Treppe aus Beton, die aus späterer Zeit stammt, erreichen wir die unterirdische Vorhalle, in der einst vier antike Büsten, eine von ihnen angeblich Alexander den Großen darstellend, und zwei Inschriftensteine aus Petronell ausgestellt waren. Die nackten, unverputzten Säulen sind nun für uns sichtbar. In dieser Vorhalle befindet sich eine Absperrung. Nachdem wir diese passiert haben, führt ein langer unterirdischer Gang direkt unter den Theseustempel. Wir gelangen in die sehr großen, hallenartigen Bereiche der Katakomben, die völlig leer sind, nicht ein römischer Inschriftenstein ist geblieben! An der Stirnseite der Haupthalle lesen wir den Namen des Gründers: Franz I. KAISER VON OESTERREICH 1823 – ob diese nüchterne Leere im Sinne des Verewigten gewesen wäre? Das Wort „Kellerei" in einem Gewölbebogen der Treppe hat uns darauf hingewiesen, dass die unterirdischen Räume ab 1841 dem Kaffeesieder im Volksgarten zur Verfügung standen.

Unwillkürlich stellen wir uns die Frage, ob es nicht vielleicht doch sinnvoll wäre, auch diese unterirdische Welt wieder für Ausstellungen zu nützen? Wo sonst könnte man ein Mithräum stimmungsvoller inszenieren? Auch wenn man die Überlegungen von einst, die zur Konzentration aller Objekte im Kunsthistorischen Museum geführt haben, verstehen mag – die unterirdische Welt des Theseustempels hätte das Potenzial, zu einem Publikumsmagneten zu werden. Von einer wundervollen Parkanlage umschmeichelt und sehr leicht für jeden zu erreichen, in unmittelbarer Nähe der Hofburg, wäre dies der ideale Ort, um den Besuchern Objekte aus der Geschichte Wiens zu präsentieren.

Beinahe vergessen ist, dass die Cella des Theseustempels nach dem Abtransport der Canovaskulptur für eine Ausstellung der Funde aus Ephesus genützt wurde. Am 10. Juni 1901 kam Kaiser Franz Joseph in Begleitung des türkischen Botschafters und einiger Minister sowie der zuständigen Archäologen zu Fuß aus der Hofburg in die Ausstellung, nahm „die Gegenstände mit dem lebhaftesten Interesse in Augenschein" *(Das Vaterland)* und äußerte sein Wohlgefallen an den gezeigten 29 Funden, besonders hob er den berühmten bronzenen Athleten hervor.

Vergessen sind auch die Pläne von Hanns Dustmann, dem Schwager von Gauleiter Baldur von Schirach. Seine Neukonzeption des Heldenplatzes als „Wiener Walhalla" (Jan Tabor) sah vor, den Theseustempel auf ein „Ehrenpodest" zu setzen, um so einen eindrucksvollen Abschluss zum Volksgarten hin zu finden. Das Schicksal, Teil einer gigantischen Nazi-Kultstätte zu werden, ist dem Theseustempel zum Glück erspart geblieben.

↓
Volksgarten
1010 Wien

↑ So präsentierte sich einst die heute im Kunsthistorischen Museum ausgestellte Theseusskulptur in der Cella des Tempels.

SPIEL DER EINBILDUNGSKRAFT

Aus der Not machte Architekt Peter von Nobile eine Tugend: Da der „Heidendom“ für Canovas Kunstwerk auf dem Areal des ehemaligen Stadtgrabens lag, musste man entsprechend tiefe bzw. hohe Grundmauern vorsehen. Den so gewonnenen Hohlraum nutzte der Schüler Canovas zur Schaffung einer unterirdischen Halle, „welche durch die Art der Beleuchtung Gelegenheit zu einem angenehmen Spiele der Einbildungskraft bot, weil uns an jedem Orte das geheimnisvolle Dunkel längst verschwundener Jahrhunderte umschwebt“, wie dies der Schriftsteller Realis in seinem Wien-Führer aus dem Jahr 1853 formulierte. Römische Büsten, Grabsteine, Sarkophage, Opferaltäre und Inschriftensteine aus den kaiserlichen Sammlungen sollten Besucher anlocken. Glanzstück dieser antikisierenden „Erlebniswelt“ war das 1816 bei Stixneusiedl gefundene Mithrasrelief.

• • • • •

DAS GEHEIMVERSTECK DER REVOLUTIONÄRE

So manches Haus in Wien weiß eine abenteuerliche Geschichte zu erzählen, und das gilt nicht nur für die prunkvollen Paläste der Innenstadt. Da treffen wir z. B. im alten Weinort Pötzleinsdorf, dort, wo sich Wienerwald und Stadt in so einzigartiger Weise verschränken, auf ein wunderbares Haus, erfüllt vom Atem der Vergangenheit. Seine Anfänge reichen wohl zurück ins 18. Jahrhundert: Pawlatschen, Arkaden, enge Treppen, im Garten ein tiefer Brunnen und eine barocke Treppenanlage, die aus Schloss Hof hierher versetzt worden ist, dazu zwei verwitterte Statuen, die einst die Fassade des 1881 durch Brand zerstörten Ringtheaters zierten – Alt-Wien lebt! Ein Ort, der geballte Erinnerungen wachruft und eng verknüpft ist mit der Geschichte Wiens.

Dieses Haus in Pötzleinsdorf wurde zum Schicksalsort für eine Gruppe junger Revolutionäre, die hier nach der Eroberung Wiens durch kaiserliche Truppen eine Zuflucht fanden und denen das Todesurteil drohte. Das denkwürdige Versteck existiert noch immer, bereitwillig führt uns der zuvorkommende Hausherr hinauf in die einst verborgene Welt unter dem Dach. Über eine steile Treppe und einen schmalen Zugang erreichen wir den letzten verbliebenen „Verschlag" – wir bekommen sofort ein Gefühl dafür, wie es den jungen Revolutionären in dieser Enge zumute gewesen sein muss. Aber sie überlebten!

↓

Das ehemalige Geheimversteck der geflüchteten 1848er-Revolutionäre befindet sich in einem Pötzleinsdorfer Privathaus und ist leider nicht öffentlich zugänglich.

↖ Ein Haus mit Geheimnissen in Pötzleinsdorf – Isidor Mautner schenkt es 1910 seinem Sohn Konrad zur Hochzeit.

← Ein Ort der Idylle und Ruhepol: die Gartenfront heute.

→ Eine steile Treppe führt hinauf zum Versteck.

Kaiser Josephs Gugelhupf und ein unterirdischer Gang

Der Narrenturm wurde zum steinernen Symbol für den beginnenden Ausschluss von Geisteskranken aus der Gesellschaft. Das seltsame „Haus der Wahnwitzigen“ steckt voller faszinierender Rätsel.

Bei den Wienern war er einfach „Kaiser Josephs Gugelhupf“: der Narrenturm, errichtet zum Wegsperren der Verrückten. Der Arzt Joseph von Quarin (1733–1814), Leiter der Oberdirektion des Allgemeinen Krankenhauses und Leibarzt des Kaisers, entwarf einst die Pläne für diese seltsame „Klapsmühle“ – ein Kerker für Irre, fünf Stockwerke hoch, mit 28 Zellen in jedem Stockwerk, jede Zelle für zwei Kranke vorgesehen. Der Narrenturm ist das Stein gewordene Symbol für den Versuch einer zunehmend in Normen denkenden Gesellschaft, die außerhalb der Norm stehenden Menschen wegzusperren, „gesondert“ zu behandeln. Der Narrenturm, so der Historiker Martin Scheutz, ist „Architektur gewordene Überwachungsfantasie“ und „gleichzeitig auch ein Manifest des beginnenden Ausschlusses der Geisteskranken aus der Gesellschaft, der Disziplinierung von Geisteskrankheit in ‚Irrenanstalten‘. Die Geisteskranken traten mit dem ‚Narrenturm‘ aus der polymorphen Masse der ‚Armen‘ als eigene Kategorie hervor.“

Ein Reisender, der 1789, wenige Jahre nach der Eröffnung, den Narrenturm besichtigte, berichtet über seine Eindrücke: „Ein großer Theil der Unglücklichen, hier Eingesperrten, sind Soldaten. Viele sind nicht in die Behältnisse eingekerkert, sondern sitzen und laufen in den Gängen umher. Manche liegen an Ketten in ihren Kerkern, und sind an die Wände angeschlossen." Der Schriftsteller und Franzosenhasser Ernst Moritz Arndt, einer der viel zitierten Ahnherren der deutschnationalen Bewegung, den eine Bildungsreise 1798 nach Wien führt, findet dagegen die Zustände durchaus angemessen: „Alles ist mit der größten Sorgfalt und Genauigkeit eingerichtet und wird in Ordnung und Reinlichkeit gehalten, dass ich erstaunt bin, wie es unter diesen Halbmenschen möglich sei. Dieser Turm hat nach allen Seiten reichen Luftzug und Himmelslicht. Unten ist ein Garten, wo die Halbtollen und Genesenden spazieren können." Interessant ist die Sprache, mit der Arndt die Geisteskranken diskriminiert – sie sind für ihn nur mehr „Halbmenschen".

Die Ausstattung des „Tollhauses" hatte mit Respekt vor der Würde des Menschen wenig zu tun. So gibt es im ganzen Gebäude kein Wasser – ein merkwürdiges Faktum, denn im Allgemeinen Krankenhaus nebenan wird zur selben Zeit eine eigene Wasserleitung mit Fließwasser installiert, das sogar schon die Klosettanlagen versorgt. Im Narrenturm hat man in den Zellen Abtritte eingebaut, von denen die Exkremente in Röhren abgeleitet werden. Wegen des Gestanks, der davon ausgeht, werden diese „Löcher" bald vermauert und durch „Leibschüsseln" ersetzt. Geheizt werden soll der „Gugelhupf" durch vier unterirdisch angelegte Öfen, von denen die Warmluft in Röhren zu den Zellen geführt werden soll – das „moderne" Heizsystem funktioniert jedoch nicht, im Winter müssen daher auf den Gängen Öfen aufgestellt werden. Die Zellen sind mit Ringen am Fußboden und an der Wand versehen, an denen Ketten zum Anschmieden der Kranken befestigt werden können. Dabei wird zwischen den Kranken durchaus differenziert: Die „ruhigen Wahnsinnigen haben alle Betten", heißt es in einer Beschreibung aus dem März 1785 im *Neuen Magazin für Ärzte*, die „Wüthenden bekommen Strohlager, und werden nach Erforderniß geschlossen (= angekettet, *Anm. J. S.*), wozu schon in jedem Behälter die Einrichtung getroffen ist. So viel wie möglich ist, bringt man die jenigen, die sich oft verunreinigen, in das oberste Stockwerk, damit sie durch ihren Gestank nicht so sehr das ganze Gebäude anstecken. In jeder Abtheilung dieses Tollhauses sind ein Wärter und zwey Wärterinnen angesetzt, die in einem Mittelgebäude, das inwendig den Thurm durchschneidet, wohnen. Ein Arzt hat die innere Kurversorgung der Tollen. Er bekommt dafür jährlich 600 Gulden, und giebt einen Tag um den andern des Nachmittags um drey Uhr die Visite. Ausser ihm ist noch ein Wundarzt

← Eine der Gangerweiterungen in der Unterwelt des Narrenturms.

→ Stein gewordene „Überwachungsfantasie": der Narrenturm, ein weltweit einzigartiges Denkmal zur Geschichte der „Irrenanstalten".

mit einem Assistenten angesetzt, die beyde im Thurme selbst wohnen." Die Möblierung der mit Steinplatten ausgelegten Zellen ist spartanisch: ein Tisch und ein Stuhl bilden die ganze Einrichtung der „Zimmerchen", verschlossen werden sie mit einer Doppeltür, „zuerst ein Gitter von Eisen, und dann noch eine wohlbeschlagene hölzerne Thüre". Das Essen wird den „Tollen und Unsinnigen" durch ein kleines Fensterchen in der Tür gereicht, ohne Messer und Gabel, damit sie sich nicht verletzen können.

DER VERSCHWUNDENE THRON DER LIEBE

Wir meinen: Je mehr man über den Narrenturm, der 1869 den Betrieb einstellte, erfährt, desto unheimlicher wird er dem Besucher. Versteckt und den flüchtigen Blicken der Passanten meist gar nicht weiter auffallend, steht er im sechsten Hof des ehemaligen Allgemeinen Krankenhauses. Wir umrunden das unheimliche, kreisrunde, denkmalgeschützte Gebäude und fragen uns, was man sich bei der Wahl dieser Form wohl gedacht hat. Sollte der runde Innenhof, wie Dieter Jetter vermutet, tatsächlich „wie ein Industrieschlot" die „miasmatischen Ausdünstungen" der verwahrlosten und verdreckten Irren nach oben ziehen und „in den Himmel wirbeln"? Oder diente die ganze Anlage nur vordergründig als Verwahranstalt für Geisteskranke und verbarg sich dahinter, wie Alfred Stohl zu beweisen versucht hat, ein „geheimes, nicht jedem offen erkennbares, Zahlensystem", das einer „inneren Alchemie" folgte und eine „durchgängige Verbindung zwischen Mikro- und Makrokosmos, vergleichbar einem Band oder einer Kette", herstellen sollte? Ausgangspunkt für Stohls Überlegungen ist die Zahl 28 – die Anzahl der Zellen pro Geschoss. Die 28 sei als vollkommene (tetraktische) Zahl bekannt gewesen, ebenso ihr Bezug zum Mondmonat, der mit 28 Tagen berechnet wird. Weitere Zahlen, die helfen würden, das Geheimnis

des Narrenturms zu entschlüsseln, seien 5, 19 und 21: Die Fünf entspreche der Zahl der Geschosse, 21 Klafter betrage der Durchmesser des zylindrischen Baues und auch die tetraktische Zahl 19 sei in der „mikrokosmischen Struktur" des Gebäudes enthalten. Genau diese Zahlen, so Stohl, würden sich auch in dem 1785 in Altona erschienenen Buch *Geheime Figuren der Rosenkreuzer* finden. Zahl für Zahl würden sich überraschende Bezüge zur kabbalistisch-rosenkreuzerischen Zahlenmystik herstellen lassen. Offen muss aber auch Stohl die Frage lassen, wer denn ein solch komplexes Zahlenspiel in Architektur hätte gießen können.

Auch wenn man der angestrengten Beweisführung Alfred Stohls nicht folgen mag, so bleiben doch Fragen: Warum befasste sich Joseph II. so eingehend mit dem Narrenturm? Was bewog ihn, wie gut dokumentiert ist, das „Haus der Wahnwitzigen" so oft zu besuchen? Was hatte es mit dem kleinen achteckigen Türmchen am Dach des Gebäudes, von Alfred Stohl „Oktogon" genannt, für eine Bewandtnis?

Das Türmchen, von den Zeitgenossen auch als „Belvedere" bezeichnet, wurde auf besonderen Wunsch des Kaisers errichtet; vermutlich um 1900 wurde der auf alten Fotografien noch erkennbare Bau aus unbekannten Gründen abgetragen. Eine bemerkenswerte, vielleicht etwas überzeichnete Vorstellung vom Verhältnis Josephs II. zu diesem Türmchen gibt der dänische Dichter Adolph Wilhelm Schack von Staffeldt-Leonet (1769–1826), der 1796 den Narrenturm besichtigte, sechs Jahre nach dem Tod des Kaisers in seinem *Wiener Tagebuch*: „Jeder, der diese Stiftung Josephs II. besucht, wird wohl nicht unterlassen, in die Laterne, die auf das viereckige Gebäude im Hofe gesetzt ist, zu steigen. Joseph stieg hier in jeder Woche mehrmals hinauf. Diese Rotunda war gleichsam der Thron seiner Liebe, von welcher sie ihre Tochter, die große Stadt unten, mit zärtlichen Blicken umfasste. Die Aussicht ist in der That schön. Auf der einen Seite entfaltet sich eine große Landschaft, in welcher das Gebirge, auf welchem Kobenzl, Galizinberg und die anderen Landsitze liegen, und dessen Abhang durchaus mit

↓ „Miasmatische Ausdünstungen" sollten nach oben abgeleitet werden: der Innenhof, versehen mit dem Baugerüst der Renovierungsarbeiten.

→ Ein unheimlicher Bau: auf dem Dachboden des „Tollhauses".

Wein bepflanzt ist, herrscht; auf der anderen Seite breitet sich wie ein Modell, in welches man herabschaut, die Stadt aus mit ihren Feueressen, gleich vielen dampfenden Vulkanen. (...) Es tut dem Herzen wohl, daran zu denken, dass Joseph oft hier, in Liebe entflammt, in Entwürfe versunken gestanden hat. Die Anstalt erhob sich für den Besucher zum Denkmale des Edlen, zum Tempel des Verklärten, in welchem das Lallen der Kranken ihm zum Lobgesang erschall." (*Wiener Medizinische Wochenschrift* 1886, Nr. 10, 11, 12, zitiert nach Stohl, *Narrenturm.*) Schack von Staffeldt-Leonet hat für seine Leser auch eine Theorie zur Form des Narrenturms parat: „Diese runde Form sollte Symbol des Tollen sein, nach der Redensart *tourner la tete*" – eine Erklärung des dänischen Romantikers, die wohl nicht zutrifft. Zu Recht stellt Alfred Stohl allerdings die Frage, ob nicht Joseph die Aussicht über Wien von einem anderen Punkt der Stadt weitaus besser hätte genießen können, unbeeinträchtigt von dem „wilden, dumpfen Getöse", welches das Haus den ganzen Tag über erfüllte. Seine Antwort: Nicht die schöne Aussicht zog Joseph Woche für Woche auf den Narrentum, sondern die Sehnsucht nach neuer spiritueller Energie, die von der zahlenmystisch perfekt organisierten „Maschine" Narrenturm geliefert wird. Hier, im Oktogon, gelänge dem Kaiser die „transmutative Verbindung", er könne da „überall hin, sogar zu Gott gelangen – über sein fabelhaft wirksames Gebet der Zahlen. Es ist das Wunder des Einen, der allumfassenden Einheit, der Eins – der Kleinheit und Größe der Zahl Eins – aus der alles entsteht, die in allem enthalten ist und aus der alles geschaffen wurde". Es könnte sein, so die Hypothese Stohls, dass Joseph II. im Narrenturm eine „höhere, göttliche Ordnung" gespiegelt sah und sich die davon ausgehende Kraft zu Nutze machen wollte.

DER UNTERIRDISCHE GANG

Wir betreten den Innenhof des alten „Tollhauses". Hier stehen Baugerüste, das über 200 Jahre alte Gebäude wird eben einer gründlichen Renovierung und Erforschung unterzogen. Seit 2012 untersteht der Narrenturm der Verwaltung durch das Naturhistorische Museum, der Generalumbau ermöglicht es auch uns, einen genauen und tieferen Einblick in das sonderbare Gebäude und seine Bausubstanz zu nehmen.

Versteckt unter einer Falltür, befindet sich ein bis vor kurzem noch verschütteter Gang, der unter den untersten Zellen des Gebäudes entlangführt. Laut Aussagen von Zeitzeugen war dieser unterste

→ Heute nicht mehr vorhanden: der ehemalige Abstieg zum unterirdischen Gang, der später als Luftschutzanlage gedacht war.

← Eine Falltür verschließt den Zugang zum unterirdischen Gang.

↓ Ein Ort, von dem sich Kaiser Joseph II. seltsam angezogen fühlte: der Dachboden des Narrenturms, ursprünglich überragt von einer kleinen „Rotunda“, dem „Thron seiner Liebe“.

Bereich im Zweiten Weltkrieg als Luftschutzkeller für die Bevölkerung vorgesehen.

Wir haben als Erste die Möglichkeit, diesen unterirdischen Gang zu sehen und zu beschreiben. Über eine aus Holz gefertigte Klappe, die wir öffnen, steigen wir einen Treppenabgang in den unteren Bereich des Narrenturmes hinab. Hier geht es zum besagten Lüftungskanal.

Der unterirdische Gang ist bereits in der Bauphase des Jahres 1784 entstanden und in den ältesten Plänen eingetragen. Dieser heute so geheimnisvoll wirkende Gang, der lange Zeit verschüttet war, hatte ursprünglich eine sehr praktische Funktion: Er war Teil der erwähnten Lüftungs- und Heizungsanlage des Gebäudes. Ursprünglich führte man über diesen Gang die warme Luft zu den einzelnen Zellen des „Tollhauses". Man nutzte hier wie bei den römischen Hypokaustheizungen den Effekt, dass warme Luft im Vergleich zur kalten Luft aufsteigt. Wie oben ausgeführt, hat die Heizungsanlage nicht wirklich funktioniert und musste bald eingestellt werden. Die Folge war, dass es im Haus keine zentrale Heizung mehr gab. Im Winter litten die Kranken daher unter der Kälte. Die in den Gängen notdürftig aufgestellten Kanonenöfen boten keine ausreichende Versorgung mit Wärme. 1827 startete man deshalb einen neuen Versuch mit der sogenannten „Meissnerischen Heizung", bei der die erwärmte Luft durch die Luken der Zellentüren in die Räume geleitet wurde, aber auch dieses Heizungssystem scheiterte – es erwies sich als zu aufwendig und zu kostspielig.

Nachdem er lange Zeit verschüttet war, hat man sich darangemacht, diesen Gang wieder auszuräumen und ihn für das Verlegen diverser moderner Installationen zu nützen. Beim Ausräumen des mit Schutt verfüllten Lüftungsganges, so wird uns erzählt, habe man das Fragment einer kommunistischen Zeitung entdeckt. Kein Zufall, denn im Narrenturm habe es im Zweiten Weltkrieg „mehr Kommunisten als Blockwarte" gegeben.

Gerade noch vor dem Abriss gelingt es uns, den bei Erscheinen dieses Buches bereits nicht mehr vorhandenen Abstieg in den als Luftschutzkeller gedachten Teil des Kellerganges zu fotografieren. Mit weißen Pfeilen an der Wand des Innenhofes wird auf ihn hingewiesen. Bereits einige Tage nach unserem Besuch hat man diesen Abgang abgerissen, alle Spuren sind vernichtet worden.

Nicht entgehen lassen wollen wir uns die „Objekte" im „wohl seltsamsten Museum Wiens" (Gerhard Roth, *Eine Reise in das Innere von Wien*), dem Pathologisch-Anatomischen Bundesmuseum, die 1971 in den Narrenturm übersiedelt wurden. Eduard Winter, der Leiter der Sammlung, führt uns durch die mit menschlichen Missbildungen vollgestopften Räume – ein Rundgang vorbei an Feuchtpräparaten und Skeletten, der nichts für schwache Nerven ist: eine Schau des Abnormen, fein säuberlich in Formaldehyd konserviert, ein Panoptikum des Schreckens, vom Wasserkopf bis zu Siamesischen Zwillingen und monströsen Deformationen. Eine Sammlung, die im Narrenturm ihre passende Umgebung gefunden hat. Sie erinnert uns daran, dass hier Tausende von Menschen gelitten haben, ihr Leid und ihre Verzweiflung aber kaum jemanden berührt haben – in den Akten schlummert so manches tragische Schicksal. Alfred Stohl zitiert etwa folgenden Fall, der in den AKH-Direktionsakten dokumentiert ist: „Der Militair-Invalide Jour Peter, welcher sich seit 25. August 1811 im Tollhause befindet, hat sich am 3 ten d. M. Nachmittags gegen 4 Uhr in seiner Kammer mit einem aus gezupfter Kotzenwolle verfertigten Stricke erhängt, wurde aber noch lebend ertappt und stieß noch in der selben Minute mit Füßen nach dem Wärter, welcher ihn gerettet hat."

Mit Mitgefühl konnten die Insassen nicht rechnen – im Gegenteil: Die Quellen berichten uns, dass sich die Wiener einen Spaß daraus machten, am Sonntag zum „Gugelhupf" zu wandern und hier die „Wahnwitzigen", die von den Wärtern ins Freie geführt wurden, damit sie etwas frische Luft schöpfen konnten, ein wenig zu necken ...

↓

Uni Campus
Spitalgasse 2
1090 Wien

DER UNTERIRDISCHE GANG

Versteckt unter einer aus Holz gefertigten Falltür im Innenhof des Narrenturms liegt der Treppenabgang zu einem bis vor wenigen Jahren noch verschütteten Gang unter den Zellen des ehemaligen „Tollhauses“. Der heute so geheimnisvoll wirkende Gang ist bereits in der ersten Bauphase des Jahres 1784 entstanden und in den ältesten Plänen eingetragen. Er war Teil der Lüftungs- und Heizungsanlage des Gebäudes. Über ihn führte man warme Luft von unterirdischen Öfen zu den einzelnen, mit Steinplatten ausgelegten Zellen. Wie bei den römischen Hypokaustheizungen wollte man den Effekt nutzen, dass warme Luft aufsteigt. Das „moderne“ Heizsystem funktionierte jedoch nicht richtig und die Kranken litten im Winter unter der schneidenden Kälte. Kanonenöfen, die man auf den Gängen aufstellte, konnten diesem Missstand nur unzureichend abhelfen.

.....

DAS LABYRINTH UNTER DER WOLLZEILE

„Der hastende Alltag zerbricht an seinen Mauern", schrieb einst Wien-Kenner Siegfried Weyr über das Erzbischöfliche Palais in der Wollzeile 2. Als massiver Block liegt es dem Stephansdom gegenüber – unverrückbar, in sich ruhend, ein Gebäude, das den Zeiten getrotzt hat. Ein Vorgängerbau wird bereits 1276 erstmals urkundlich erwähnt, in jenem Schicksalsjahr, das einen neuen Herrn innerhalb der Stadtmauern sieht: Rudolf von Habsburg.

1723 wird Wien zum Erzbistum erhoben und seitdem trägt der 1632 bis 1641 errichtete Kirchenpalast den Namen „Erzbischöfliches Palais".

Es wundert und daher nicht, dass auch der Keller des Palais Geschichte zu erzählen vermag. Der mit sehr vielen Räumen und Abschnitten ausgestattete Keller wird heute als Lager und Archiv benutzt. Einige Teilbereiche sind der EDV vorbehalten. Wer jedoch das Glück hat, in die tiefste Ebene des Kellers absteigen zu dürfen, der erfährt einen abrupten Zeitsprung. Wir kommen direkt in die sehr geräumigen Kellergewölbe, die im Zweiten Weltkrieg den Menschen als Zufluchtsort dienten. Heute in Vergessenheit geraten, entdecken wir hier unten noch immer die Hinweispfeile aus der Zeit des Bombenkrieges. Auch die Aborte der ehemaligen Schutzräume sind noch vorhanden. Seltsamerweise ist hier ein Gang mit Schutt vollgefüllt – ist es Bombenschutt?

↓

Wollzeile 2
1010 Wien

Ein Keller, der Geschichte erzählt: das Gewölbelabyrinth unter dem Erzbischöflichen Palais.

Die versunkene Stadt am Lindenberg

Eine idyllische Waldlandschaft im Süden Wiens entpuppt sich als großflächiger Lost Place: Tausende Menschen fabrizierten hier einst für den Wahnsinnskrieg des „Führers“ Patronen und Granaten.

Es ist ein Ort, der seinesgleichen sucht. Auf den ersten Blick eine Landschaft wie jede andere auch in den Waldbergen südlich von Wien, eine langgezogene, sich von Ost nach West erstreckende bewaldete Erhebung nördlich von Hirtenberg: der Lindenberg. Geologen schätzen ihn wegen der hier vorkommenden Konglomeratgesteine und Tonmergel, die wichtige Hinweise auf die komplizierte Erdgeschichte der Region geben. Am sogenannten „Sulzboden“ – ihm gilt unser besonderes Interesse – erreicht er mit 345 Metern seine höchste Höhe, gegen Leobersdorf hin gleitet er sanft in die Ebene hinaus; nach Süden, gegen das Gelände der Hirtenberger AG zu, fällt er jedoch steil ab und ist für den Wanderer kaum zu passieren. Was seinen Namen betrifft, so ist die Ableitung von den „Linden“ naheliegend, allerdings könnte er auch, wie die Wiener Sprachwissenschafterin Maria Hornung vermutet hat, auf „lun“, den alten Namen für „Ahorn“, zurückgehen – Ahornbäume sind am Lindenberg sehr häufig.

Diese unverdächtige, idyllische Waldlandschaft, so wissen wir, birgt ein Geheimnis: Einen *Lost Place*, der so manchem Spaziergänger verborgen bleiben mag – wir aber wollen ihn uns genauer ansehen. So lassen wir das Auto im Zentrum von Hirtenberg stehen und wandern auf einem Fahrweg hinauf in Richtung großer Wasserbehälter. Alsbald gelangen wir zu einem links neben dem Weg in den Wald führenden Graben, der bis zu einem merkwürdigen „Loch" im Waldhang führt: dem Einstieg in einen Luftschutzstollen, der für die Bevölkerung geschlagen wurde! Doch ist dieser, wie so viele Schutzbauwerke im Wienerwald, in großer Eile errichtet und vor seiner tatsächlichen Fertigstellung vom Kriegsende eingeholt worden. Ein Relikt, das heute vielleicht ohne Bedeutung, jedoch zum damaligen Zeitpunkt von großer Wichtigkeit für die hier lebenden Menschen gewesen ist. Einige Meter neben dem Graben vor dem Eingang ist noch der Betonsockel zu sehen, auf dem der Kompressor für den Presslufthammer gestanden hat.

Wir gehen auf dem bequemen Fahrweg, genannt die „weiße Straße", weiter in Richtung Hochplateau und Sulzboden. „Weiße Straße" heißt der Weg, weil er früher mit weißem Kies versehen war. Und dann gab es auch eine Zeit, in der dieser Weg tatsächlich eine Straße war: breiter als heute und sorgfältig gepflastert. Die Pflastersteine sind längst verschwunden, angeblich wurden sie von der Gemeinde Hirtenberg ins Burgenland verkauft. Wir geben nun besonders acht, denn in Kürze sollen wir das Areal erreichen, dem unsere Aufmerksamkeit gilt.

So gelangen wir alsbald zu zwei Betonresten, die offenbar die Seitenflanke eines Einfahrtstores bildeten. Das Tor ist schon lange nicht mehr da. Deutlich ist rechts vom ehemaligen Tor eine Umkehrschleife zu erkennen – wir stehen jetzt an der Grenze einer kleinen Stadt, die sich hier oben einst befunden hat und deren Spuren wir erkunden wollen. Eine Erkundung, die uns zurückführt in eine Zeit, in der die ganze Region um Hirtenberg und Leobersdorf im Zeichen der Rüstungsindustrie stand: Es sind die ausgedehnten Ruinen einer ehemaligen Munitionsfabrik, die der Lindenberg beheimatet – der Wanderer, der darüber nichts weiß, wird dies allerdings nicht erkennen, eine Gedenktafel mit Hinweisen zur Geschichte dieses Geländes sucht man vergeblich. Offenbar will man sich auch nicht mehr daran erinnern.

← Die Rohre der Versorgungsleitungen durchzogen in Schächten das gesamte Werksgelände.

↗ Der Wald ist nur Tarnung: Dahinter verbirgt sich ein gigantischer *Lost Place* mit zahlreichen Relikten der ehemaligen Wilhelm-Gustloff-Werke. Die Hirtenberger Patronenfabrik wurde auf Anweisung von Hermann Göring „arisiert" und der „Wilhelm-Gustloff-Stiftung" mit Sitz in Weimar einverleibt.

Das Gelände ist von beachtlicher Größe, das erkennen wir, als wir im Waldboden die bis heute noch immer vorhandenen Betonreste der Versorgungsleitungen entdecken. Wir stolpern auf Schritt und Tritt darüber: Das bewaldete Hochplateau, auf dem wir uns jetzt befinden, ist durchzogen von tiefen Gräben, in denen die Rohre lagen, mit denen die einzelnen Gebäude mit der notwendigen Energie versorgt wurden. Der Wald ist also nur die Tarnung für dieses riesige Ruinenfeld! Die beste Jahreszeit, um sich davon ein Bild zu machen, ist der Winter. Das dichte Gestrüpp ist dann ohne Blattwerk und die Sicht auf die versteckten Betonrelikte am besten. Ganz objektiv betrachtet ist das Hochplateau des Lindenberges ein großflächiger *Lost Place*, der allmählich von der Vegetation verschlungen wird.

Unbefugte durften das abgesperrte Gelände der Munitionsfabrik seinerzeit nicht betreten und wurden angewiesen, noch vor dem Tor umzukehren. Von diesem Tor führen Wege zu beiden Seiten in den Wald hinein und wir sehen uns genauer um. Mitten im Gelände steht da auch noch ein Einmannbunker – von diesen Einmannbunkern hat es hier oben viele gegeben, doch bis auf diesen sind alle verschwunden.

„WIR WAREN WIE DIE MAULWÜRFE"

Das stetig herabfallende Laub der Bäume bedeckt Stellen, die noch viele Geheimnisse verbergen. Da bemerken wir etwa im Waldboden das aus Beton errichtete Rechteck eines Notausstiegfensters. Der Metallrahmen, der einst das Gitter trug, ist noch vorhanden, das Gitter selbst fehlt bereits. Aus Erzählungen wissen wir, dass nach den Sprengungen der Roten Armee das ganze Gelände für jedermann frei zugänglich war. Alles, was die Sprengungen „überlebt" hatte und nur irgendwie verwertbar war, wurde von der Bevölkerung abmontiert, zerlegt und davongetragen. Bei der Ortseinfahrt nach Hirtenberg gab's den Alteisenhändler Heinrich Ripfel. Dort brachten die Leute das aufgesammelte Alteisen hin und verdienten sich ein wenig Geld dazu. Weit später kamen dann die Altmetallsammler, die auch die schweren Rohre und die restlichen Eisen- und Stahlteile, die hier noch zu finden waren, demontierten, aufluden und abtransportierten. Wir sprechen dazu mit dem Zeitzeugen Wilhelm Slawik aus Hirtenberg, er hat als Kind hier oben seinen Abenteuerspielplatz gehabt. Gemeinsam mit seinen Freunden, so erzählt er uns, verbrachte er hier oben jede freie Minute. Neues zu finden oder zu entdecken war ihr gemeinsames Ziel. „Wir waren wie die Maulwürfe“, weiß Wilhelm Slawik zu berichten. „Oft gruben wir nach Munitionhülsen, die es hier damals noch zuhauf gab.“

Nur wenige Schritte vom erwähnten, im Waldboden sichtbaren Notausstieg entfernt, stoßen wir auf eine Ruine, deren Keller noch vorhanden und relativ gut erhalten ist. Wir steigen in diesen unterirdischen Bereich ab und sehen uns um: Vier langgestreckte Räume, an deren Ende sich diese besagten Notausstiege befinden, tauchen im Licht der Taschenlampen auf. An manchen Tagen stehen die Räume offenbar unter Wasser, die Decke kann dem stetigen Angriff des Sickerwassers nicht mehr standhalten, es haben sich bereits Risse gebildet. Die Gänge verwandeln sich dadurch gleichsam in Nachbildungen von Tropfsteinhöhlen! Auch der langgestreckte Verbindungsgang ist erhalten geblieben. An der Wand ist ein Schriftzug zu lesen: DER AUFENTHALT IN DEN GASSCHLEUSEN IST VERBOTEN!

Nachdem man einen Abschnitt der Ruine durchschritten hat, in dem die Decke bereits fehlt, erreichen wir einen weiteren Bereich des unter dem Waldbodenniveau gelegenen Gebäudekomplexes. Wir fragen uns: Welchem Zweck diente dieser Teil der Munitionsfabrik?

Keramikteile, die einst ganze Räume verkleidet hatten, liegen abgeschlagen auf dem mit Schutt bedeckten Boden. Zwei technische Gerätschaften rosten vor sich hin: ein Metallsockel, der einst mit Röhren bestückt war, und der letzte Überrest einer Relaisanlage.

Die auf der Hochebene des Lindenberges gelegene Fabrik wurde vom Mutterwerk im Tal mittels einer Materialseilbahn mit Hängegondeln mit allen notwendigen Gütern versorgt. Die Betonstützen der Seilbahn sind bis heute noch im Wald zu sehen. Tiefe Gruben zeugen von den ehemaligen Löschteichen, die sich hier befanden.

→ Einzelne, mit Notausstiegen versehene unterirdische Räume sind noch vorhanden.

ALLES DEM ERDBODEN GLEICHGEMACHT

Im kalten Winter 1945/46 beginnen die Sowjets mit der Demontage der Munitionsfabrik am Lindenberg. Alles, was irgendwie nützlich erscheint, wird auf lange Güterzüge verladen, vor allem aber sind die Rotarmisten erpicht auf die teuren Präzisionsgeräte der Deutschen, die dann doch nur in einer Lagerhalle irgendwo im Reich Stalins verrosten werden. Nachdem die Anlagen geräumt sind, beginnen die Sowjets mit den Sprengungen, die sich bei klirrender Kälte wochenlang hinziehen. Unser Hirtenberger Zeitzeuge Wilhelm Slawik kann dieses Erlebnis nicht vergessen: „Es war ein frostiger Vorfrühlingstag, dennoch mussten wir Schüler bei offenen Fenstern in der Klasse sitzen. Es war bitterkalt. Die Fenster mussten jedoch wegen der Druckwellen der Sprengungen unbedingt geöffnet bleiben. Viel zu groß war die Angst, dass durch eine derartige Druckwelle die Glasscherben zerbersten könnten – man hatte im Krieg genug Erfahrung gesammelt. Und dann begann es zu donnern. Eine Detonation nach der anderen! Es wurde hier oben alles dem Erdboden gleichgemacht!“

Herr Slawik kann sich auch noch gut daran erinnern, wie sie als Kinder einst in die Rohrleitungsschächte abgestiegen sind, um bei den Dehnungsschlaufen der Rohre nach Stahlkugeln zu fischen. Die im Waldboden verlegten Eisenrohre, die über große Längen in den Betonschächten durch das Gelände verlegt wurden, wurden an bestimmten Stellen durch Betonwände abgestützt. Damit die Rohre sich auch problemlos ausdehnen konnten, wurden sie auf Stahlkugeln gelegt, um beweglich zu sein. Diese Stahlkugeln waren für die Kinder ein heiß begehrtes Sammelobjekt. In den Schulferien 1946 wartet in den Ruinen eine besondere Aufgabe auf sie, wie Oskar Rumpler, ein weiterer Zeitzeuge, zu berichten weiß: „Am Lindenberg waren die Ziegel der gesprengten Industrieanlagen zu putzen. Mit einem kleinen Beil reinigten wir sie vom daran klebenden Mörtel. Die Ziegel wurden für den Wiederaufbau dringend benötigt. Für einen gereinigten Ziegel erhielt ich zehn Groschen. Schon früh am Morgen zog ich mit einer Flasche Trinkwasser und einem tüchtigen Stück Brot auf den Berg. Es gelang mir fast immer, zwei Stöße zu je hundert Ziegel am Tag aufzustellen.“ *(Oskar Rumpler, Erinnerungen an alte Zeiten)* Einmal in der Woche erhalten die Kinder das Geld für die Ziegel ausbezahlt, Oskar Rumpler kauft damit amerikanische Zigaretten, die er in der russischen Küche in der Hirtenberger Hauptstraße gegen Fleisch, Wurst, Schmalz und Brot eintauscht.

Einer der gefährlichsten Bereiche in der Munitionsfabrik war die Satzmischerei. Hier wurden die Zündhütchen hergestellt. Der Arbeitsbereich hierfür war ganz speziell beschaffen. Die Pulvermischung des Zündhütchens war das Gefährlichste bei der Herstellung von Munition. Schon die geringste Reibung konnte eine Explosion auslösen. Diese Arbeitsplätze waren so beschaffen, dass es die Wand und die Decke bei einer Explosion leicht wegschleudern konnte. Schwere Verletzungen oder der Tod von Arbeiterinnen und Arbeitern konnten die Folge sein.

Zeitzeuge Gottfried Plichter, der in Enzesfeld geboren und in der Bahnstraße 303 aufgewachsen ist, weiß zu berichten: „Nach dem Krieg waren wir so arm und mittellos, dass viele Schulkinder nicht einmal Schuhe an den Füßen hatten. Sie gingen in Schlapfen oder bloßfüßig auf die Straße oder in die Schule. Der Baron Rothschild wusste hier im Jahre 1947 Abhilfe zu schaffen. Jedes Kind der Volksschule Enzesfeld musste in der Schule seine Schuhgröße bekannt geben und bekam von Baron Rothschild ein paar Schuhe spendiert.“

IM RÜSTUNGSDREIECK

Um die Bedeutung der Fabrik auf dem Lindenberg richtig einordnen zu können, müssen wir uns auf eine Zeitreise zurück in die Endphase des Ersten Weltkriegs begeben: Die Menschen leiden Hunger, stundenlanges Anstellen um Zucker und Mehl und Grieß ist der triste Alltag, die Rationen auf den Lebensmittelkarten werden immer weiter gekürzt. Die Munitionsfabriken, in denen sie arbeiten, haben jedoch Konjunktur: Tag und Nacht werden in

Hirtenberg und Enzesfeld, in Blumau und Wöllersdorf Geschosse produziert – die Front ist unersättlich. Für die Männer, die im Schützengraben ihr Leben für Kaiser und Vaterland aufs Spiel setzen, stellen Frauen die Munition bereit. Aus allen Teilen der Monarchie werden sie in die Waffenschmieden der Region dienstverpflichtet, 15- und 20-jährige Mädchen müssen für die Fortsetzung des Krieges ihre letzten Kräfte mobilisieren. Reguläre Wohnungen gibt es für sie keine, sie hausen in Holzbaracken und werden von Großküchen versorgt. Die Männer, denen sie in den Fabriken begegnen, sind meist Kriegsgefangene.

Zwei Jahre nach Kriegsende, 1920, holt Generaldirektor Alexander Mandl seinen Sohn Fritz Mandl (1900–1977) in die Geschäftsführung der Hirtenberger Patronenfabrik, 1924 ist der Junior bereits Generaldirektor. Fritz Mandl hat keine Berührungsängste – er liefert Waffen und Munition an alle, die sie benötigen: 1921 an die Polen für ihren Krieg gegen Sowjetrussland, später an die Heimwehr seines Freundes Ernst Rüdiger von Starhemberg ebenso wie an Mussolini, an die ungarische Armee genauso wie an die kriegführenden Parteien des Spanischen Bürgerkriegs. Nur einmal gibt es schwere Probleme: Die „Hirtenberger Waffenaffäre" 1933 wird zu einem der größten Skandale der Ersten Republik.

Fritz Mandl, genannt der „Patronenkönig" und einige Jahre hindurch mit der Schauspielerin Hedy Lamarr verheiratet, träumt von neuen Geschäftsfeldern und versucht seine Ideen auch umzusetzen: 1932 wird in Hirtenberg eine Abteilung „Flugzeugbau" eingerichtet, es gelingt ihm, eine Lizenz der „Focke-Wulf-Flugzeugwerke Bremen" zu erwerben, und so baut man tatsächlich in Hirtenberg bald auch Flugzeuge: zweisitzige Doppeldecker vom Typ FW-44-Stieglitz, kein Kriegsgerät, sondern ein Schulflugzeug, geeignet auch für den Kunstflug. Getestet werden die Maschinen, die berühmt sind für ihre hervorragenden Flugeigenschaften, auf dem Flugplatz Bad Vöslau-Kottingbrunn, auf dem Flugfeld wird ein eigener Hangar mit Werkstätten für die

↓ Immer wieder tauchen Relikte der ehemaligen Munitionsfabrik auf: Reste von Metallsockeln und einer Relaisanlage auf dem Ruinenfeld des Lindenberges.

→ Manche der noch vorhandenen Kellerwände sind mit massiven Fliesen ausgestattet worden.

↗ Wie uns berichtet wurde, befand sich hier das Gebäude, in dem die hochexplosiven Zündhütchen hergestellt wurden.

→ Der aus Steinen gemauerte Zugang zu jenem Bereich, in dem diverse Versuche mit neuer Munition unternommen wurden.

„Hirtenberger Maschinen“ eingerichtet. 40 Maschinen werden gebaut, ab 1936 setzt das Bundesheer die FW 44 als Schulflugzeug ein. Obwohl im Friedensvertrag von St. Germain die Aufstellung einer Fliegertruppe untersagt worden ist, setzt die Regierung Schuschnigg auf den Ausbau der österreichischen Luftstreitkräfte – knapp vor dem „Anschluss“ umfasst die Armada der beiden rot-weiß-roten Fliegerregimenter in Wien und Graz etwa 300 Flugzeuge, die Pläne sehen vor, dass die militärische Bodenorganisation auch in Bad Vöslau-Kottingbrunn weiter ausgebaut werden soll.

Unter der Leitung von Ing. Theodor Hopfner (1901–1974) versucht man sich in Hirtenberg auch an Eigenkonstruktionen – 1935/36 wird das zweimotorige Reiseflugzeug „Hirtenberg HV 15“ gebaut, die „behaglich ausgestattete Kabine“, so vermerkt die Fachzeitschrift *Der Pilot* (Heft 5/1937), „enthält zwei Führersitze und vier Fluggastsitze mit ausgezeichneter Sicht“ und es gibt einen abgetrennten Toilettenraum. Die Höchstgeschwindigkeit der äußerst sparsamen Maschine – der stündliche Kraftstoffverbrauch liegt bei 70 l – beträgt 235 km/h. 5,8 Minuten braucht das mit Siemensmotoren ausgerüstete Gerät, um eine Flughöhe vom 1000 m zu erreichen, die Reichweite liegt bei 900 km. Die Flugeigenschaften der Maschine sind, so *Der Pilot,* ausgezeichnet, sie sei „von jedem Durchschnittsflieger mit Leichtigkeit zu steuern“.

Knapp darauf folgt aus der Werkstatt Hopfners der Prototyp des Militär-Mehrzweckflugzeugs „Hirtenberg HM 13/2“ – ein Doppeldecker für zwei Mann Besatzung, der sowohl als Schulflugzeug als auch als Aufklärer und leichter Bomber eingesetzt werden kann. Unter dem Rumpf kann die „HM 13/2“ bis zu 200 kg Bomben tragen, auf Wunsch können ein „Führermaschinengewehr“ und eine „Beobachterwaffe“ montiert werden, angetrieben wird die Maschine von einem luftgekühlten Piaggio-Motor P VII C 16 mit 450 PS Höchstleistung. Die Höchstgeschwindigkeit des Bombers aus Hirtenberg wird mit 350 km/h in 4.000 m Höhe angegeben, die Reichweite mit 950 km. Flugzeugbauer Theodor Hopfner genießt im Übrigen nach dem „Anschluss“ auch das Vertrauen der Nazis: Er ist zunächst in der Wiener Neustädter Flugzeugfabrik (WNF) tätig und wird später mit dem Aufbau eines Flugzeugwerks in Fischamend betraut. Die Aufgabe des sogenannten „Werks III“ der WNF: Einrichtung der Großserienproduktion von Tragflächen für die „Messerschmitt Bf 109“, das meistgebaute Jagdflugzeug der Geschichte.

Die Auftragsbücher in Hirtenberg sind voll, die Patronenfabrik im Triestingtal floriert: Pro Tag werden insgesamt eine Million Patronen erzeugt, 3.800 Beschäftigte verdienen hier ihr tägliches Brot. Ein Juwel unter den österreichischen Industriebetrieben, dem gleich nach dem „Anschluss“ die besondere Aufmerksamkeit der Nazis gilt: Generaldirektor Fritz Mandl, der in den Märztagen im Ausland weilt, wird mit einer Abfindung aus dem Betrieb gedrängt, die Firma dem für die Kriegsrüstung tätigen Industriekonzern „Wilhelm-Gustloff-Stiftung“ einverleibt. Die neuen Machthaber wälzen bald große Pläne: Alle für den Ort gefährlichen Arbeiten sollen in ein neues Werk auf dem Lindenberg verlegt werden. Die Anlagen am Berg, eine „industriebauliche Großleistung“ (Fritz Hanauska), werden von der Firma Notthaft errichtet, bereits am 4. November 1939 kann das Richtfest gefeiert werden. Um die Folgen einer möglichen Explosion so gering wie möglich zu halten, werden die einzelnen Betriebsstätten weit auseinandergelegt, produktionstechnisch gliedert sich das neue „Werk Lindenberg“ in drei Gruppen: Gruppe I umfasst die Sprengstoff-, Zündsatz und Zündhütchenfertigung, Gruppe II widmet sich der Produktion von Signal- und Leuchtpatronen sowie von Brandsatzbeiladungen, in Gruppe III werden die Laderei sowie die Pulver- und Patronenlager untergebracht. Die Versorgung der Anlagen erfolgt durch das nunmehr „Talwerk“ genannte alte Werk – das ist auch die Erklärung für die zahlreichen rätselhaften Gräben im Gelände, über die wir ständig stolpern: Hier lagen einst die Druckrohre für das Heißwasser.

Die Zufahrtsstraße zum Werk am Lindenberg wird großzügig ausgebaut, Werksomnibusse bringen die Beschäftigten täglich zu ihren Arbeitsstätten, für die man an Sicherheitsmaßnahmen nicht gespart hat: Die Dächer der Gebäude sind mit einem

Tarnanstrich versehen, unterirdische Luftschutzräume sollen den Arbeitern Zuflucht bei Bombenangriffen bieten, ein eigenes „Sanitätshaus“ soll die rasche medizinische Versorgung bei Unglücksfällen gewährleisten.

Der mörderische Krieg Hitlers erweist sich für die Hirtenberger Gustloff-Werke, die seit Mai 1939 von „Betriebsführer“ Hans Braun geleitet werden, als nachhaltiger Motor: So beginnt man 1943 auf dem Lindenberg mit der Produktion von 12-cm-Wurfgranaten für schwere Granatwerfe. Bereits 1941 startet die Massenfertigung von Patronen für das Bord-MG 151 – das ehrgeizige Produktionsziel: bis zu einer Million dieser Patronen im Monat. Die Übernahme eines neuen Werks in Lichtenwörth bei Wiener Neustadt soll die Kapazitäten des Unternehmens weiter steigern. Auch Lehrlinge werden ausgebildet. Wer eine der begehrten Lehrstellen ergattern will, muss Begeisterung für das Regime bekunden: Die Mitgliedschaft bei der Hitlerjugend und bei der „Deutschen Arbeitsfront“ ist Voraussetzung.

HEIL DIR MEIN FÜHRER, DAS VOLK WIRD IMMER DÜRRER!

Am 28. September 1944 wird auf dem Gelände des Fremdarbeiterlagers „Am Weinberg“ ein Nebenlager des KZ Mauthausen eingerichtet: Rund 400 weibliche Häftlinge, vor allem aus Ost- und Südeuropa, müssen in der Patronenfabrik Infanteriemunition für die Wehrmacht fertigen, bewacht werden sie von 24 SS-Leuten unter dem Kommando eines Hauptsturmführers, ein elektrisch geladener Zaun trennt die Frauen vom bestehenden Fremdarbeiterlager. Das Regime hat inzwischen längst seinen Kredit bei der Bevölkerung verloren: Parolen wie „Butter statt Kanonen“ liest man an den Wänden oder höhnische Reime wie „Heil dir mein Führer, das Volk wird immer dürrer!“ – „bescheidener Widerstand“ (Oskar Rumpler), der dennoch Zeichen setzt.

Die Mauthausen-Außenstelle in Hirtenberg besteht bis 15. April 1945, dann wird „evakuiert“. An diesem Tag, Wien ist bereits in den Händen der Sowjets, schickt man die Frauen auf den Marsch

→ Seltsame Begegnung an einem ungewöhnlichen Ort: Genau in der Mitte eines Gangabschnittes thront ein Motorblock! Die aus den Wänden ragenden Eisen trugen die Sitzflächen für die Arbeiterinnen und Arbeiter des Gustloff-Werks am Erschlachtweg in Lichtenwörth.

zurück ins Stammlager, 48 Häftlingen gelingt unterwegs die Flucht.

Bleibt die eine große Frage, die immer wieder auftaucht, wenn über das „Rüstungsdreieck" Hirtenberg, Enzesfeld, Leobersdorf gesprochen wird: Warum haben die Alliierten die hier befindlichen Munitionsfabriken nicht bombardiert? Zweifellos wusste man über die Bedeutung der Anlagen Bescheid – war es tatsächlich Fritz Mandl, dem es von seinem Exil in Argentinien aus gelang, seine guten Kontakte zu den USA zu nützen und einen Angriff auf seine Werke zu verhindern?

DIE VERGESSENEN DOKUMENTE DER GUSTLOFF-WERKE AM ERSCHLACHTWEG IN LICHTENWÖRTH

Es gibt Orte, die sind so gut versteckt und an so besonderen Punkten unserer Lebenswelt platziert, dass hier, fast wie durch eine gewollte Absonderung, ein *Lost Place* entsteht. In Lichtenwörth, in der Nähe der Pottendorfer Straße bei Wiener Neustadt, befindet sich nahe der Abwasserkläranlage am Erschlachtweg eine kleine Grünzone. Ein kleiner Wald, der ein ganz besonderes Geheimnis birgt: Wir befinden uns auf dem ehemaligen Gelände des bereits oben erwähnten, im Besitz der Hirtenberger Gustloff-Werke stehenden Werks Lichtenwörth.

Zwischen den Bäumen und dem Unkraut taucht der aus Beton errichtete Eingang zu einem geheimnisvollen Gang auf. Wie ein großer Trichter, in dem sich eine halb geöffnete Tür befindet, präsentiert sich der erste Kontakt zu dem Objekt. Ja, wir haben das Gefühl, dass es uns in sich aufsaugen möchte und uns ersucht, seine Geschichte zu erforschen.

Wieder ist es ein Schutzbau. Ein Splitterschutzdeckungsgraben, der mit drei Haupteingängen und zwei Notausstiegen bereits eine beachtliche Größe aufweist. Aus den Wänden ragen die Eisen, welche als tragende Elemente für Sitzgelegenheiten währen des Aufenthaltes der Arbeiterinnen gedacht waren. Vermutlich nach dem Krieg zweckentfremdet stehen hier verrostete Öltanks. Genau in der Mitte eines Gangabschnittes thront ein Motorblock. Die Wände im Inneren sind mit Graffiti beschmiert. Wir betrachten diese Gänge mit einer gewissen Ehrfurcht vor der Vergangenheit. Und dann entdecken wir etwas Sensationelles: Durch die Feuchtigkeit dieses Ortes fast zerstört und durch ein Feuer angeschwärzt, liegen vor uns auf dem Boden die Reste von Dokumenten der Gustloff-Werke Lichtenwörth.

Einst in der Pottendorfer Straße 162 aufbewahrt, haben diese Blätter aus irgendeinem Grund den

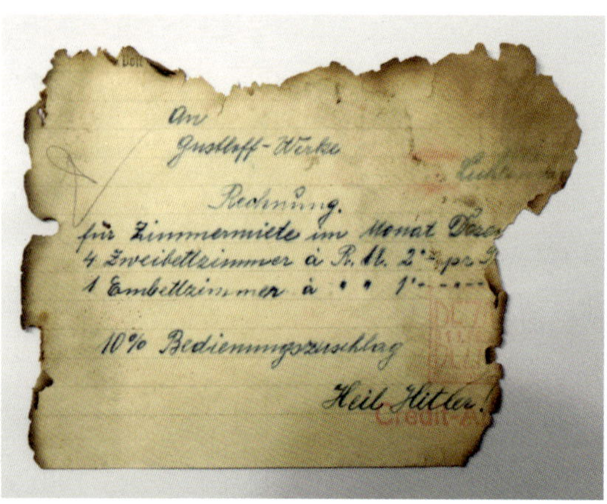

An
Gustloff-Werke
Lichten...
Rechnung.
für Zimmermiete im Monat Dez...
4 Zweibettzimmer à R.M. 2'– pro ...
1 Einbettzimmer à " " 1'– ...
10% Bedienungszuschlag
Heil Hitler!

← Zerfallen an diesem *Lost Place* zu Staub: die alten Akten des Gustloff-Werks am Erschlachtweg in Lichtenwörth.

↑ Droht langsam zu zerfallen: der aus Ziegeln gemauerte Beobachtungsbunker am Abhang des Lindenberges. Von hier aus hatte man eine perfekte Sicht auf Hirtenberg und die gesamte Region in Richtung Süden.

Weg hierher nach unten gefunden. Wer sie verbrennen wollte, ist uns nicht bekannt. Es erscheint fast wie ein Wunder, dass die verbliebenen Reste der hier verbrannten Dokumente noch zu sehen sind. Ein letzter Aufschrei, um sich bemerkbar zu machen und den nachfolgenden Menschen ihre Existenz zu verdeutlichen? Ein Wunder, das dem Entdecker Glücksgefühle in großer Intensität beschert.

UNTER STÄNDIGER BEOBACHTUNG

Das Waldstück auf dem Lindenberg, auf dem sich die Hirtenberger Patronenfabrik befand, gehört zum Gemeindegebiet von Leobersdorf. Wer sich für das Ruinenfeld auf dem Berg interessiert, wird unweigerlich auch die nach Hirtenberg abfallenden Hänge durchstreifen. Hierbei kommt der Suchende in den Genuss einer unerwarteten Entdeckung: Ein weiterer, zur Zeit seiner Errichtung gut platzierter Beobachtungsbunker liegt hier noch immer versteckt. Die Geschäftsleitung der Patronenfabrik war sich der erhöhten Gefährdung bewusst, da eine Früherkennung des Feindes sehr wichtig war. Denn auch jede Minute, welche die Arbeiterinnen wieder früher auf ihrem Arbeitsplatz zur weiteren Produktion waren, zählte. Aus diesem Grund stellten große Betriebe Personal zur Beobachtung zur Verfügung. Hoch über dem Ort gelegen, hatte man eine vortreffliche Sicht auf das Gelände der Patronenfabrik, auf den Ort selbst und auf den gesamten Luftraum Richtung Süden. Von hier oben konnte man einen herannahenden Feind baldigst sehen und rechtzeitig Alarm geben.

Nun ist dieser einstige Beobachtungsbunker ein *Lost Place* geworden. Die aus Ziegeln errichtete Bausubstanz löst sich bereits auf. Er besteht aus mehreren kleinen Räumen und ist mit einem aus Eisenstäben zur Aufstiegshilfe errichteten Notausstieg ausgestattet. Der Bunker zerbröselt nun im wahrsten Sinne des Wortes.

↓

Am Lindenberg
2552 Hirtenberg

Für die Wanderung zu den Ruinen der ehemaligen Wilhelm-Gustloff-Werke am Lindenberg am besten bei der Pfarrkirche Hirtenberg (Hirtenberg, Alte Gasse 2) parken und dann den Forstweg auf den Lindenberg nehmen.

RELIKT DES BOMBENKRIEGES

Am Weg hinauf zu den zerstörten Wilhelm-Gustloff-Werken am Lindenberg entdecken wir in einem Graben links vom Weg dieses merkwürdige „Loch“ im Waldhang: das Fragment eines Luftschutzstollens, der hier für die Bevölkerung von Hirtenberg geschlagen werden sollte. Wie viele andere Schutzbauwerke im Wienerwald wurde auch dieses in großer Eile begonnen und seine Fertigstellung durch das Kriegsende verhindert. Die Bauarbeiter schafften es nicht mehr, das notwendige Gangprofil zu erarbeiten und Abstützungen durch Beton anzubringen – in der Unfertigkeit spiegelt sich die Angst, die damals die Menschen antrieb. Einige Meter vor dem Eingang ist noch der Betonsockel zu sehen, auf dem der Kompressor für den Presslufthammer gestanden hat.

• • • • •

BLUT UND TRÄNEN KLEBEN AN DEN WÄNDEN

An der Verbindungsstraße Alte Gasse vom Bahnhof Hirtenberg zum Bahnhof Enzesfeld sind am Straßenrand einige zugemauerte Stolleneingänge zu sehen. Doch das auch nur während der laublosen Jahreszeit. Ansonsten verschwinden die Eingänge unter der wuchernden Vegetation. Hier, unterhalb des kleinen Hügels, befindet sich eines der letzten großen Geheimnisse aus der Zeit des Nationalsozialismus: ein großer Luftschutzstollen, Relikt des Tausendjährigen Reiches. Neben der Straße verläuft die Eisenbahnstrecke und wer diese überschritten hat, gelangt in einen Freibereich, auf dem sich ein Feld befindet. Hier, ganz am Rand bei einer Baumgruppe, versteckt sich der derzeit noch offene Eingangstunnel in den unterirdischen Bereich des Luftschutzstollens. Im Eingangsbereich liegen große Reifen eines Traktors. Bei langanhaltenden Regenfällen steht der Boden des Eingangsbereichs unter Wasser. Hier führt ein Gang hinein in das gewaltige System. Die Gangführung wird meist durch eine fertig ausgebaute, mit Beton ausgekleidete Stollenführung bestimmt. An einigen Stellen ist jedoch auch noch der aus dem Felsen herausgebrochene Naturstollen zu sehen. Der nordöstliche Teil der Anlage steht meist unter Wasser. Dieser Bereich ist nur mit einer Watthose, Neoprenanzug oder einem Schlauchboot zu befahren. Hier befindet sich ein Eingang, der jedoch mit Beton verfüllt worden ist. Ein Verlassen bzw. Betreten der Anlage ist hier nicht mehr möglich.

Ein nicht zu unterschätzender Schwachpunkt des Stollens befindet sich im Bereich des nicht ausgebauten Gangabschnittes im nördlichen Drittel der Anlage. Das Umgebungsgestein ist hier sehr brüchig und es besteht daher die Gefahr eines schnellen Nachbrechens. Sollten sich während dieser Zeit Personen im Nordabschnitt der Luftschutzanlage befunden haben, wäre ihre Bergung nur mit großem Aufwand möglich gewesen. Es befindet sich hier keine Möglichkeit, durch einfache Hilfsmittel den Stollen zu verlassen. Bei mehreren Sondierungsfahrten mit unserem Kameraboot filmen wir den Untergrund des abgesoffenen Stollens. Wir entdecken hier unterhalb der Wasseroberfläche noch Teile der Einrichtung, Sessel und eine Bank sind zu sehen. Was sich jedoch im Schlamm des Grundes befindet, bleibt auch uns verborgen. Der Luftschutzstollen weist eine Jahresdurchschnittstemperatur von 8 Grad Celsius auf.

Das Gemeindeamt Enzesfeld beherbergt in seiner Plansammlung eine Darstellung der Anlage, wie sie vermutlich geplant wurde und in der Fertigstellung hätte aussehen sollen. Doch so weit kam es nicht. Mit größter Wahrscheinlichkeit hat die herannahende Rote Armee dem weiteren Ausbau ein jähes Ende gesetzt. Der alte Plan jedoch birgt alle Informationen darüber, wie der große Luftschutzstollen eingeteilt war. Wir können hier herauslesen, welche Gangabschnitte für welchen Verwendungszweck gedacht waren. Auf dem Plan stehen zwei Nutzer: die Metallwerke Enzesfeld und die Firma Kromag. Diese Information ist heute für uns besonders wertvoll. An einer Stelle findet sich das offenbar in den noch feuchten Beton der Stollenwand eingeritzte Datum 15. 9. 1944.

Zu jenen, die hier einst Zuflucht suchten, zählt auch Zeitzeuge Oskar Rumpler aus Hirtenberg. Seinem Bericht zufolge wurde der Stollen bei einem Fliegerangriff von mehreren Bomben getroffen: „Wir, die wir im Stollen saßen, kamen mit dem Schrecken davon. Unter den Fremdarbeitern, die nicht in den Stollen durften und daher in den Wald über dem Bunker geflüchtet waren, gab es zahlreiche Opfer.“ Zur Abwehr von Tieffliegern hatte man auf der Wiese zwischen der Triesting und dem Stollen vier Feuerstellungen der leichten Flak errichtet, ein Ausflug in dieses Gelände wird dem jungen Oskar beinahe zum Verhängnis: „Hier musste ich einmal um mein Leben laufen, mich hinwerfen in der Hoffnung von den heranbrausenden Jabos nicht gesehen zu werden. Zum Glück schossen sie nur auf

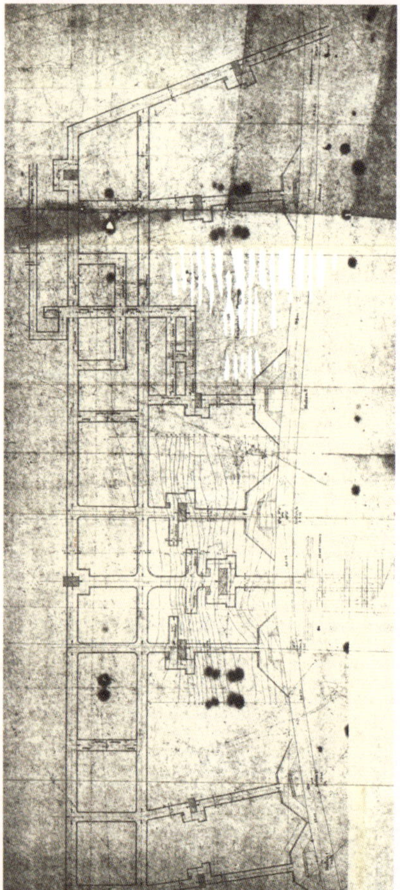

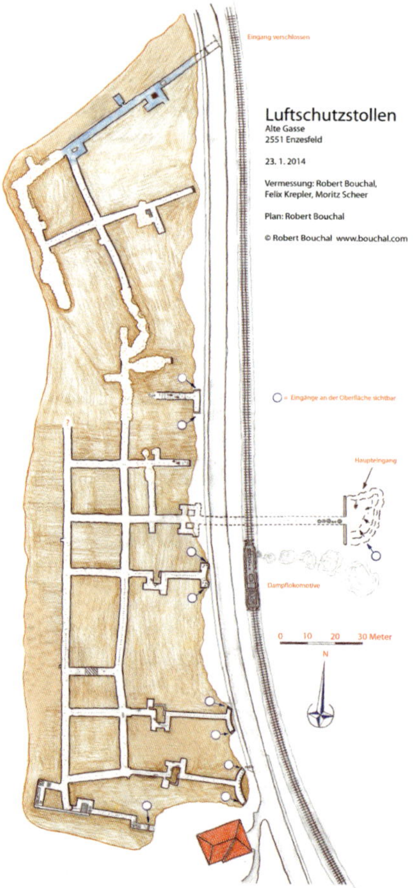

↑ Große Teile des von Zwangsarbeitern errichteten Stollens sind bereits mit Beton befestigt, nach dem Krieg wurde er von den Sowjets als Munitionslagerbunker genutzt.

← Ein Vergleich der heutigen Situation (rechts) mit dem alten Plan aus der Plansammlung der Gemeinde Enzesfeld (links) zeigt eindrucksvoll den unvollendeten Charakter des Bauwerks. Gedacht war es als bestens ausgestattetes – vom Badebereich bis zum Operationsraum – unterirdisches Refugium für die Beschäftigten der KROMAG und der Enzesfelder Metallwerke.

den Zug und beachteten mich nicht. Ich war als Letzter über die Wiese gelaufen und in der nahen Flakstellung wäre ich wohl vom Regen in die Traufe gekommen.“ *(Oskar Rumpler, Erinnerungen an alte Zeiten)*

Oskar Rumpler wird „diese unheimlichen Anlagen“, an deren Wänden „Blut und Tränen kleben“ und bei deren Errichtung „Angst und Verzweiflung“ die ständigen Begleiter der Zwangsarbeiter waren, nach dem Krieg nie wieder betreten. Über die Ereignisse in der Nachkriegszeit weiß dagegen unser Gewährsmann Gottfried Plichter zu berichten. Die Sowjets hatten im Gefängnis von Hirtenberg ihre Kaserne eingerichtet. Die Gänge des Luftschutzstollens neben dem Bahngleis wurden von den sowjetischen Soldaten als Munitionslagerbunker genutzt. Diese Stollen wurden permanent von einer Wachmannschaft, die in etwa aus acht Rotarmisten bestand, bewacht. Eines Tages verschleppte die Wachmannschaft eine Frau in den Bunker. Sie wurde von der gesamten Gruppe im Stollen vergewaltigt. Die Frau hatte das Pech, dass dies gerade vor der Ablöse der Wachmannschaft geschah. Auch die neu zum Dienst angetretene Gruppe, die den Munitionsbunker bewachen sollte, verging sich an der Frau. Gottfried Plichter sah die arme Frau aus dem Stollen kommen und mit schmerzverzerrtem Gesicht über das Bahngleis davongehen.

DIE URSPRÜNGLICHE PLANUNG

Vergleicht man den ältesten uns derzeit zu Verfügung stehenden Plan mit der Situation, wie wir sie heute vorfinden, so erkennen wir, dass die Anlage ihre Endausbaustufe nie erreicht hat. Speziell der nordwestliche Bereich wurde nie fertiggestellt. Auch der hier geplante Notausgang ist nie zur Verwirklichung gelangt. Auf dem vorliegenden Originalplan für das unterirdische Projekt sind die Räume und die einzelnen Gangabschnitte genau auf ihre Funktion hin definiert. Präzise wurde festgelegt, wo welche Einrichtungen platziert sein müssen. Auf dem Plan erkennen wir etwa, dass die Aborte für die Männer getrennt von jenen der Frauen errichtet werden sollten. Weiters ist jeweils nahe der Eingänge die Beschriftung „Werkzeug“ verzeichnet. Sollte den Menschen, die hier Zuflucht suchten, für den Notfall ein Werkzeugdepot zur Verfügung stehen? Die Telefonzentrale und der Elektroanschluss für den Stollen hätten sich im Zugangstunnel, der unter den Bahngleisen durchführt, befinden sollen. Wir erkennen auch zwei getrennte Zugänge: Zugang Enzesfeld und Zugang Kromag. Projektiert wurden Warteräume für Frauen und Männer und wir lesen da sogar von einem Baderaum für Frauen und einem Badebereich für Männer. Auch ein unterirdisches Lazarett für Frauen und Männer war hier offenbar eingeplant und, am allerwichtigsten: Hier unten sollte es auch einen Operationsraum geben – man hatte also an alles gedacht! Was hier geplant wurde, war kein einfacher Luftschutzstollen, sondern ein unterirdischer Schutzbereich mit umfassender Infrastruktur.

Haben das Ende des Krieges und die heranrückende Rote Armee der Fertigstellung dieses riesigen Schutzbaus ein jähes Ende bereitet? Oder waren es gar finanzielle Engpässe, die einen Bauabschluss verzögerten? Wir werden es wohl nie mehr erfahren. Fest steht, dass sich dieser Ort zu einem wahren *Lost Place* entwickelt hat, den heute die Fledermäuse als ideales Rückzugsgebiet für sich entdeckt haben. Bei mehreren Kontrollbefahrungen treffen wir im Winter immer wieder Tiere an. Sie finden hier in der kalten Jahreszeit ein ungestörtes Refugium vor und können so die nahrungsarme Zeit in Ruhe überstehen.

Angeblich plante die Hirtenberger Patronenfabrik im Jahr 1982, Teile der Luftschutzanlage als Lager für Munition zu nutzen. Das Vorhaben gedieh jedoch über das Planungsstadium nicht hinaus und wurde in diesem Stollen nie verwirklicht.

Der Bunkerheurige in Leobersdorf

Auf die Gäste warten herzhafte Heurigenschmankerl und fruchtiger Wein aus den sonnigen Rieden nebenan. Hinter einer Stahltür eröffnet sich der Zugang zu einem Labyrinth, das tief in die Unterwelt des Lindenberges hineinreicht.

Zwei Mangalitza-Brote und zwei Sommerspritzer, bitte. Die Kellnerin in ihrem roten Dirndl notiert die Bestellung auf einem kleinen Block und verschwindet mit einem Lächeln und dem Satz: *Gerne, die Herrschaften!* Wir sitzen in der wärmenden Nachmittagssonne am Rande eines Weingartens ganz in der Nähe der Bundesstraße 18 gegenüber dem Einkaufszentrum Bloomfield. Am Wochenende ist es hier, am Fuße des Lindenberges in Leobersdorf, sehr angenehm. Einfache Heurigenbänke stehen auf dem befestigten Vorplatz zu einem Ort, der ein verschlossenes Geheimnis darstellt.

Herbert Bader und Erich Vlasek haben es sich zur Aufgabe gemacht, ihre Gäste mit vorzüglichem Wein und anderen Köstlichkeiten zu verwöhnen. Mit einem originellen Namen, der einen hohen Wiedererkennungswert besitzt, bezeichnen sie ihre Labestelle als das „Bunkerstüberl".

Zwei Eisentüren sind zu sehen. Die linke ist eine massive Doppelriegel-Bunkertür aus dem Zweiten

Weltkrieg. Durch sie gelangt man in einen Raum, in dem heute Wein ausgeschenkt wird. Bei schlechtem Wetter hat man hier drinnen auch die Möglichkeit, vor dem Regen geschützt seinen Wein genießen zu können. Dieser Raum hatte jedoch ursprünglich einen ganz anderen Verwendungszweck. Es war, so wird uns erzählt, der Generatorraum. Von hier kam der Strom für die große Bunkeranlage im Lindenberg. Die zweite Türe befindet sich gleich in der Nähe und führt ebenfalls in einen eigenen Raum. Hier werden heute die kalten Speisen zum Verzehr vorbereitet. Da, wo nun die herzhaften Schmalz- und Mangalitza-Brote zubereitet werden, befindet sich an der hintersten Stelle eine grün gestrichene Tür. Diese ist jedoch immer verschlossen. Dahinter verbirgt sich eine große Stollenanlage. Auch während der Ausschankzeit ist eine Besichtigung der Luftschutzanlage nicht möglich. Ist man jedoch im Besitz des Schlüssels, so beginnt nach dem Öffnen der Türe ein beeindruckender Gang durch die einstige Luftschutzanlage. Nur ganz langsam und behäbig ist diese Tür mit vereinten Kräften zu öffnen. Wir gelangen in ein unterirdisches Wegenetz, das alleine durch sein Umgebungsgestein beeindruckt. Das Gangprofil weist an keiner Stelle Abstützungen durch Beton auf. Der Stollen befindet sich im Konglomerat, das tief in die Unterwelt des Berges hineinreicht. Diese geologische Auffälligkeit erinnert uns wieder einmal daran, dass die ganze Region einmal Meeresgebiet war. Abgeschnitten vom großen Ozean, verwandelte sich dieses Meer in einen Süßwassersee, dessen Wasserspiegel immer mehr sank, bis er schließlich ganz austrocknete. Es entstanden riesige Moore, die sich im Laufe von Millionen von Jahren in Braunkohle verwandelten – ein Phänomen, das nicht unentdeckt blieb: In der Gegend von Leobersdorf versuchte man in den 1920er Jahren Braunkohle abzubauen, gab aber diese Bemühungen wegen Unwirtschaftlichkeit bald wieder auf. Und noch ein zweites Phänomen spielte eine Rolle: Der ehemalige Meeresboden wurde von gewaltigen Sedimentschichten, angeschwemmt von den Flüssen Piesting, Triesting und Schwechat, überlagert, es bildete sich der sogenannte Inzersdorfer Tegel, der begehrte „Rohstoff" für die Ziegelindustrie im Süden Wiens.

Das feste Konglomeratgestein sorgt für die Stabilität des Stollens und zeigt an den Rändern wundervolle, teilweise enorm große Steine, die, eingebettet

← Unter ohrenbetäubendem Lärm und großer Staubentwicklung stemmen wir ein Loch in die Wand, die uns von den unbekannten Teilen des Luftschutzstollens trennt – wie wir sehen werden, ist dieser hier noch in seinem ursprünglichen Zustand!

↗ Der größte Teil des ehemaligen Luftschutzstollens im Konglomeratgestein des Lindenberges ist heute mit einem massiven Boden aus Beton versehen.

in verfestigtem Sediment, ein erstaunlich schönes Bild ergeben. In der gesamten Stollenanlage sind drei Aus- bzw. Eingänge vorgesehen gewesen. Heute ist der Luftschutzstollen, der sich in der Obhut der Gemeinde Leobersdorf befindet, nur mehr über einen einzigen Eingang zu betreten.

DIE ENZESFELDER METALLWERKE

Wilhelm Slawik, unser Zeitzeuge aus Hirtenberg, ist uns dabei behilflich, Errichtung und Funktion des unterirdischen Schutzbaus besser einzuordnen: Im August 1939 in Hirtenberg geboren, kann er sich noch gut an viele Begebenheiten aus der Zeit des Nationalsozialismus erinnern. An der Stelle des heutigen Einkaufszentrums Bloomfield und auf den benachbarten Gründen südlich der Bundesstraße 18 – heute das Gelände des Ared-Parks, der zum Teil auf Enzesfelder, zum Teil auf Leobersdorfer Gebiet liegt – befand sich während des Zweiten Weltkrieges die große Munitionsfabrik der Enzesfelder Metallwerke AG. 40 Prozent der Anteile gehörten zur Wilhelm-Gustloff-Stiftung Weimar und damit zur Hirtenberger Patronenfabrik, der zweite Großaktionär war die Dynamit Nobel AG, die Anteile der beiden Unternehmen wurden schließlich von der Gebrüder Böhler & Co AG übernommen, die in diesem Investment in die Geschossproduktion eine sinnvolle Ergänzung zum Kapfenberger Rüstungsbetrieb sah. Der Standort Enzesfeld wurde daher großzügig weiter ausgebaut: Für die Erweiterung der Produktion errichtete man eine riesige neue Halle aus Eisenbeton, die Werkstätten wurden mit schnell laufenden Drehbänken neu ausgestattet, die hygienischen Einrichtungen verbessert, ein „Gaswerk“ sorgte für die Versorgung der Werkstätten mit Fernwärme – und ab Jänner 1939 gab es ein „Gemeinschaftshaus“, in dem der Belegschaft eine Bücherei und verschiedene Sportangebote zur Verfügung standen – ja, die neuen Herren geizten nicht mit Sozialleistungen, aber die galten auch nicht für alle, vor allem nicht für die fremdländischen „Arbeitstiere“: Vor den Hängen des Lindenberges, südwestlich der heutigen Autobahnauffahrt, befand sich ein großes Barackenlager für Zwangsarbeiter, das „Lager IV“. Die Lager I bis III hatte man rund um den Werksbereich errichtet, außerdem stellte man Quartiere in Leobersdorf und im „Wohnlager Hölles“ für sie bereit. Die Anzahl der in den Holzbaracken festgehaltenen Arbeitssklaven war enorm: Etwa 10.000 Kriegsgefangene und Zwangsarbeiter aus den von den Nazis besetzten Ländern, vor allem Russen, Ukrainer, Polen, Franzosen,

Tschechen, Belgier und Italiener, mussten für Hitlers Krieg ihre letzten Kräfte mobilisieren – die Ernährung war kaum ausreichend, Ausgang gab es nur am Sonntag, von Wachtürmen aus kontrollierten SS-Posten die „Ausländer", denen 5.000 inländische Arbeitskräfte gegenüberstanden. Diese mussten darauf achten, sich mit den Fremden nicht gemein zu machen – so war es verboten, sich mit ihnen an einen Tisch zu setzen. Für die Reichsangehörigen gab es im Speisesaal des Werks dreimal täglich eine Mahlzeit, für die Zwangsarbeiter wurde in den Baracken gekocht.

Privilegiert waren die deutschen „Volksgenossen" nicht zuletzt in puncto Sicherheit: Die Bunkeranlage im Lindenberg wurde zu ihrem Schutz errichtet, die Zwangsarbeiter mussten mit einfachen Splitterdeckungsgräben im Werksbereich vorliebnehmen. Zwar gab es ab Ende 1944 fast täglich Fliegeralarm, schwere Angriffe auf das Werk blieben aber aus. Die Folgen für die Produktion waren dennoch spürbar: Nach dem Auslösen des Alarms musste die Arbeit immer wieder für Stunden unterbrochen werden.

DER TRAUM VON TRIESTINGSTADT

Werksdirektor Karl Gschiel, er ist Ortsgruppenleiter der NSDAP, ein begeisterter Nazi und Bürgermeister von Enzesfeld, schafft es, die Produktion der Enzesfelder Metallwerke weiter zu steigern. Das bleibt auch an höchster Stelle nicht unbemerkt: 1943 zeichnet der „Führer" das Unternehmen als „Kriegs-Musterbetrieb" aus. Und der tüchtige Karl Gschiel hat große Pläne: Er will die Gemeinden Enzesfeld, Lindabrunn, Leobersdorf, Schönau und Kottingbrunn zusammenlegen und eine neue Stadt mit 30.000 Einwohnern gründen. Ihr Name: *Triestingstadt*. Als ein erster Schritt dazu soll der Besitz der Familie Rothschild – Schloss und Grund, beides „Feindvermögen" – kostenlos der Metallwerke AG und der Gemeinde Enzesfeld überlassen werden. Dieser Plan scheitert jedoch am Widerstand der zuständigen NS-Bürokratie. Karl Gschiels große Vision eines gigantischen Rüstungszentrums im Süden Wiens bleibt Utopie, es gelingt ihm nur

↓ Aufgrund der hohen Festigkeit des Umgebungsgesteins war kein weiterer Ausbau der Stollenwände notwendig.

→ Ehemals gab es drei Eingänge, heute liegt der einzige Zugang zum ehemaligen Luftschutzstollen im Lindenberg hinter dieser massiv ausgeführten Stahltür.

noch ein Teilerfolg: Nach dem Tod von Hirtenbergs Bürgermeister Stefan Artner 1942 werden die Gemeinden Enzesfeld und Hirtenberg unter seiner Führung „auf Kriegsdauer" miteinander vereinigt.

Zur Katastrophe kommt es am Abend des 23. März 1944: Beim Aufbohren von gefüllten Granaten zündet plötzlich um 19.30 Uhr das Sprengmaterial eines Geschosses, eine Kettenreaktion von weiteren Explosionen ist die Folge, um 20.27 Uhr detonieren 20 Tonnen TNT-Sprengstoff. Das Feuerwerk wütet stundenlang auf dem Gelände, mächtige Feuersäulen steigen gegen den Himmel, selbst auf Häuser in der Umgebung hagelt es Splitter. Durch die Wucht der Explosionen werden Fenstergläser und Rollläden zerstört, Häuser abgedeckt, Waggonräder durch die Luft geschleudert. Unter Lebensgefahr müssen Angehörige der Feuerschutzpolizei und der Wehrmacht mit Munition beladene Waggons aus der gefährdeten Zone rollen. Oskar Rumpler, damals noch Schüler, wird unsanft aus dem Schlaf gerissen: „Ich vermeinte, dass jemand ganz fest an die Fensterscheibe klopfte. Im nächsten Augenblick flogen mir schon die geborstenen Fensterscheiben um die Ohren. Die Munitionsfabrik in Enzesfeld brannte! Ihre nördliche Umzäunung war nur etwa 200 m von unserem Haus entfernt und gleich dahinter standen riesige Hallen! Hastig stürzten wir in unseren Schutzraum. Aber es war kalt und der Ofen wollte nicht so recht brennen, bald jedoch wurde es heiß! Ein glühender Granatsplitter steckte die Küche in Brand! Großvater gelang es, das Feuer zu löschen. Meine bescheidene Hilfe bestand darin, dass ich heulend ein paar halbvolle Kübel Wasser herbeischaffte! Bis zum frühen Morgen dauerte das Donnern der explodierenden Granaten." *(Oskar Rumpler, Erinnerungen an alte Zeiten)*

Die Ziegelarbeiterin Marie Toth, sie ist im Ziegelwerk der Firma Notthaft beschäftigt, flüchtet nach den ersten Explosionen mit ihrer Familie in den kleinen, selbstgebauten Bunker im Garten – er fasst vier Sitzplätze und drei Stehplätze – und verbringt hier die Nacht, erst am Morgen wagt sie sich wieder ins Haus: „Die Fenster waren alle hin, das Dach teilweise abgetragen; die Jalousien hat es zerrissen; die Bretteln lagen überall herum, auf Kästen und Betten." *(Marie Toth, Schwere Zeiten)* Im Ort selbst, so Marie Toth, sah es aus „wie nach einem Bombenangriff".

Fünf Fremdarbeiter und vier Soldaten werden in den Tod gerissen, das NS-Regime befiehlt jedoch: Weitermachen! – und so wird in den Ruinen notdürftig wieder die Produktion in Gang gesetzt, „Alles für den Sieg", wie ein Propagandaspruch vorgibt. In den Zeitungen wird das Unglück verschwiegen – da berichtet man lieber über den „Heldentod" eines „Ortsgruppenmitarbeiters" an der Front.

Die Sowjets können mit dem halb zerstörten Werk nicht mehr viel anfangen und sprengen es schließlich 1946, das Gelände verwildert, die massiven Trümmer schrecken Investoren ab. 1993 erwerben die beiden Freunde Anton Bosch und Rolf Dolina (1939–2017) das 500.000 m² große Gelände, ihre Vision: das Trümmerfeld in einen modernen Gewerbe- und Business-Park zu verwandeln. Mit viel Aufwand gelingt es ihnen, der Bunker und Betonruinen Herr zu werden, selbst das Bundesheer hilft: Mit Betonteilen aus dem Gelände errichtet es eine Ruinenstadt am Truppenübungsplatz Großmittel.

Karl Gschiel bleibt seiner fanatischen Nazi-Linie bis zum Kriegsende 1945 treu. Am 2. April 1945 hält er, inzwischen auch zum Bataillonskommandeur des „Volkssturms" avanciert, in der Gemeindekanzlei von Enzesfeld ein „Standgericht" über drei Fremdarbeiter ab, die angeblich vom Werkschutz beim Plündern eines Lebensmittelmagazins erwischt worden sind. Die drei Männer, ein Pole, ein Russe und ein Italiener, werden zum Tod verurteilt, Gschiel stellt persönlich das Exekutionskommando zusammen, das die drei „Verurteilten" an der Friedhofsmauer von Enzesfeld erschießt. Nach dem Krieg muss sich Gschiel für diese Exekutionen – vorgeworfen wird ihm die Mittäterschaft an insgesamt sechs Morden – vor dem Volksgericht in Wien verantworten. Der entscheidende Satz in der Anklageschrift lautet: „Er (Karl Gschiel) hat sich während der nationalsozialistischen Herrschaft gegen Andersdenkende in verwerflicher Weise benommen, duldete bzw. ordnete Misshandlungen der Fremdarbeiter an und hat sich schließlich an Morden an sechs Fremdarbeitern aktiv beteiligt." *(DÖW, E 19.290)*

← Werkstatthalle der Enzesfelder Munitions- und Metallwerke AG, um 1910. Im Ersten Weltkrieg stieg die Zahl der hier Beschäftigten auf bis zu 10.000 Personen.

↘ Der Plan zeigt die beachtliche Größe des Luftschutzstollens im Hang des Lindenberges. Die Zwangsarbeiter der Enzesfelder Metallwerke hatten hier jedoch keinen Zutritt.

Die Richter sind milde gestimmt: Karl Gschiel wird ebenso wie sein mitangeklagter Mitarbeiter Rudolf Schwetz freigesprochen. Der Oberste Gerichtshof hebt diese Entscheidung zwar im Dezember 1953 auf, das Verfahren gegen Gschiel wird aber im April 1955 endgültig eingestellt.

Nicht vergessen werden soll an dieser Stelle, dass zwölf österreichische Betriebsangehörige, alle sind Mitglieder der im Untergrund agierenden KPÖ, „wegen Vorbereitung zum Hochverrat" vom NS-Volksgerichtshof zum Tod verurteilt und 1943 im Wiener Landgericht hingerichtet werden. Ein Gedenkstein am Friedhof von Enzesfeld erinnert an diese Widerstandskämpfer, die „im Kampf für Österreichs Freiheit, Würde und Unabhängigkeit ihr Leben geopfert haben".

DAS STOLLENLABYRINTH NACH DEM ZWEITEN WELTKRIEG

Der im Zweiten Weltkrieg errichtete Luftschutzkeller befindet sich im Jahre 1967 unter dem Grundstück von Frau Katharina Schirnhofer. Diese räumt am 24. August 1967 der Gemeinde Kottingbrunn das freie Verfügungsrecht über das gesamte Stollenlabyrinth ein. Als Wunsch wird die Bereitstellung für den Zivilschutz der Bevölkerung angeführt.

Die Firma Hirtenberger benötigte während der 1980er Jahre erweiterte Lagerräume und mietete den Stollen von der Gemeinde Leobersdorf an. Es wurden einfache Lampen aufgestellt und der Boden zwecks besserer und einfacherer Bewirtschaftung betoniert. Nun kann die brisante und explosive Ware von den Arbeitern mithilfe von Hubwagen einfacher bewirtschaftet werden. Alle drei Hauptstollen wurden an einer bestimmten Stelle ab gemauert, so dass ungefähr ein Drittel der Stollenanlage von der Firma Hirtenberger nicht verwendet und in ursprünglichem Zustand belassen wurde. Bei unseren Vermessungsarbeiten zur Erstellung eines genauen Planes wissen wir das jedoch noch nicht. Mit fragenden Blicken erkennen wir an diesen drei Stellen die massiven Mauern und fragen uns, was sich dahinter wohl befindet? Der nun neu gezeichnete Plan wäre unvollständig, wenn wir die hinter den Mauern vermuteten Bereiche nicht miteinbeziehen würden.

Wir bekommen Unterstützung. Die Gemeinde schickt Arbeiter, die den Auftrag haben, eine Durchkriechmöglichkeit zu schaffen, damit wir unsere Arbeit fortsetzen können. Ein Notstromaggregat wird aufgestellt und in Betrieb genommen. Schnell wird ein Kabel verlegt und es beginnt im Stollen mit einem ohrenbetäubenden Lärm der Meißel des Bohrhammers gegen die massive Abmauerung einzuwirken. Der Staub und der Lärm sind fast unerträglich. Doch tatsächlich: Der Meißel stößt plötzlich durch. Hier hinten geht's wirklich weiter. Mit unserer Helmlampe leuchten wir in einen weiteren Gangabschnitt hinter der Mauer. Nach geraumer Zeit ist das Loch in der Wand so groß, dass wir unseren Körper durchpressen können. Wir staunen nicht schlecht, als wir den Bereich hinter der Abmauerung betreten. Hier ist der Stollen noch in seinem ursprünglichen Zustand. Keine Beleuchtung und kein betonierter Boden sind hier vorhanden, die Spuren aus der Zeit der Stollenerrichtung sind noch deutlich zu sehen. Im hintersten Bereich sind im Boden die Schwellen der einstigen Lorenbahn, mit der man den Ausbruch aus dem Berg ins Freie beförderte, zu erkennen. In einem Gang finden wir das Skelett eines Tieres. Am Boden verstreut liegen einige Eisenteile. Die sammeln wir auf und übergeben sie dem Museum in Leobersdorf, wo sie zur Ausstellung gelangen. Der Luftschutzstollen im Lindenberg ruht heute im Verborgenen. Er ist leer! Er erinnert uns jedoch bis heute an die Zeit, als hier nicht der Wein oder das gesellige Lachen unter Freunden, sondern die unheimliche Angst vor den herabfallenden Bomben im Lebensmittelpunkt der Menschen stand.

Prost!

↓

Bunkerstüberl, Heuriger/Buschenschank
2544 Leobersdorf

Anfahrt mit dem Auto: Auf der A2 bis Ausfahrt Leoberdorf, dann im Kreisverkehr rechts die erste Ausfahrt Richtung Hirtenberg. Nach etwa 150 m rechts zum Bunkerheurigen abbiegen (Wegweiser beachten).

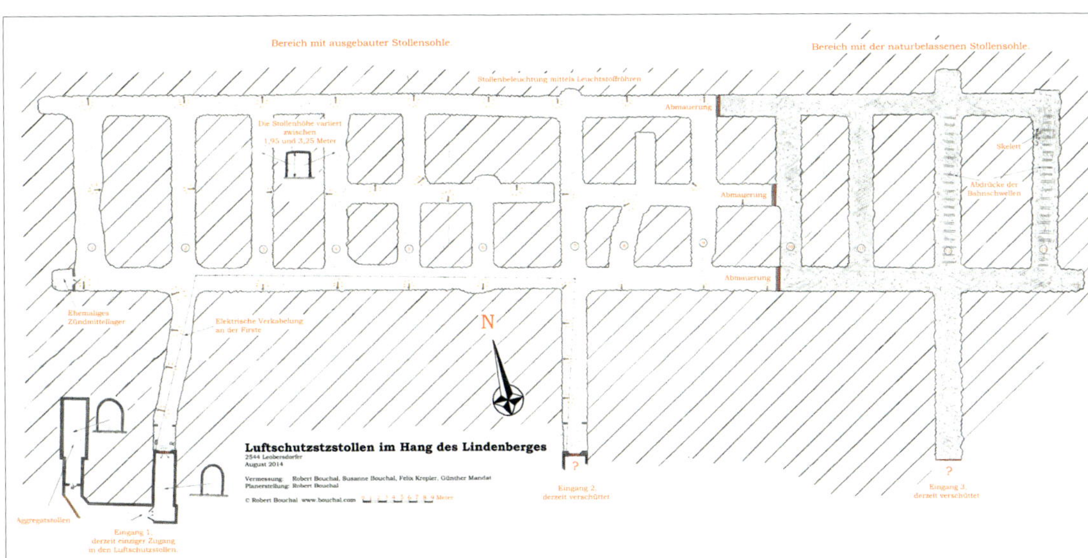

ENTDECKUNG IM BUNKERLABYRINTH

Nachdem wir mit dem Bohrhammer eine Öffnung in die massive Abmauerung gestemmt haben, können wir den bislang unbekannten Teil des Stollens betreten, der hier noch in seinem ursprünglichen Zustand ist. Der ehemalige Eingang ist verschüttet, keine Beleuchtung und kein betonierter Boden sind vorhanden, die Spuren aus der Zeit der Stollenerrichtung sind deutlich zu sehen. Im hintersten Bunkerbereich kann man im Boden noch die Abdrücke der Schwellen der Lorenbahn erkennen, mit der die Bauarbeiter das ausgebrochene Gestein einst ins Freie beförderten. Im letzten Quergang stehen wir plötzlich vor Teilen eines Pferdeskeletts – wie mag dieses Tier hierher gekommen sein und welch dunkle Geschichte verbirgt sich dahinter?

.....

BEOBACHTUNGSSTAND HÜGELGASSE ENZESFELD

Fährt man die steile Hügelgasse in Enzesfeld hinunter, so reiht sich links und rechts der Straße ein schönes Einfamilienhaus an das andere. Niemand kommt hier auch nur im Geringsten auf die Idee, dass sich zwischen diesen meist relativ neuen Häusern ein *Lost Place* befinden könnte – und doch existiert er: ein Bauwerk wie ein Dornröschenschloss, umsponnen von dichter Vegetation, unseren Blicken entrückt.

Durch einen Hinweis werden wir auf ihn aufmerksam und einmal mehr ist es die örtliche Feuerwehr, die uns hilfreich zur Seite steht: Wir bekommen dank ihrer Unterstützung von der Gemeinde die Schlüssel und die Genehmigung, den vergessenen Betondinosaurier zu besichtigen und zu vermessen. Der Bunker befindet sich auf einem dicht bewachsenen Grundstück zwischen zwei Häusern, wohl viele gehen hier achtlos vorbei, obwohl bei einiger Aufmerksamkeit einer der Eingänge vom Gehsteig aus zu sehen ist. Wir aber kämpfen uns mühsam durch das Gestrüpp an ihn heran. Die äußere Betonhülle beginnt bereits zu zerbröseln. Wasser, Schnee und ständig wechselnde Temperaturen haben der Bausubstanz schwer zugesetzt. Es ist ein Ort mit leichtem Gruseleffekt, beim Betreten des von Rauch geschwärzten düsteren Inneren erhöht sich unser Pulsschlag. Der ehemalige Beobachtungsstand ist auf zwei Ebenen zu begehen und weist mehrere Räume auf. Der allgegenwärtige Ruß und die geschwärzten Wände schlucken das Licht unserer Helmlampen, durch unsere Schritte werden unzählige Staubpartikel aufgewirbelt, die Luft ist trotz vorhandener Bewetterung vom Gestank nach Rauch und Feuer erfüllt – kein Ort zum Wohlfühlen!

↓

Hügelgasse
2551 Enzesfeld-Lindabrunn

Besichtigung nur auf Anfrage bei der Gemeinde.

↖ Mitten in einer idyllischen Wohngegend verbirgt sich dieser Lost Place des Krieges: der von Brandrauchübungen der Feuerwehr geschwärzte Beobachtungsstand in der Hügelgasse in Enzesfeld.

← Gerettet werden musste bei den Übungen zum Glück nur eine Puppe! Die ungewöhnliche Größe des Bunkers, der auf zwei Ebenen zu begehen war, verweist auf seine Bedeutung.

Götterdämmerung in der Hofburg

Im karg ausgestatteten „Gaubefehlsstand" am Gallitzinberg fühlte sich Nazi-Prinz Baldur von Schirach nicht sehr wohl, für seine letzte Zuflucht im Keller unter der Hofburg waren daher Perserteppiche und kostbare Gemälde gerade gut genug.

SIEGEN ODER STERBEN

Gegen Ende des Zweiten Weltkrieges, der genaue Zeitpunkt konnte noch nicht festgestellt werden, ließ Gau- und Reichsleiter Baldur von Schirach unter der Hofburg einen Luftschutzbunker bauen. Die Arbeiten wurden in „fieberhafter" Eile vorangetrieben, Telefon und Funkanlage installiert und Lebensmittel eingelagert – angeblich in „rauen Mengen", darunter Schokolade, Wein, Datteln und Schnaps. Dem Reichsleiter, der nun auch als „Reichsverteidigungskommissar" amtierte, sollte es an nichts fehlen.

Die unterirdischen Schutzräume waren bomben- und granatensicher und angeblich mit Perserteppichen, Wandteppichen, kostbaren Gemälden, Möbeln und Geschirr aus dem Hofmobiliendepot geradezu fürstlich ausgestattet – selbst im Untergang konnte Schirach, ehemals der Kronprinz des „Führers", offenbar auf feudalen Luxus nicht verzichten.

↑ Vorige Seite: Für die gegen die Innenstadt vordringende Rote Armee kein großes Hindernis: MG-Stellung am Heldenplatz.

← Die zum Schutz vor Bomben rund um das Reiterstandbild von Erzherzog Carl errichtete Ziegelmauer kann wieder abgebrochen werden.

Am 6. April 1945 bezogen Schirach und sein Stab den Bunker, geschützt wurde dieser von 150 Mann seiner Leibstandarte sowie einigen hundert SS-Männern. Die Nachrichten-SS verlegte Kabel und brachte Sprengladungen an, in den Räumen der Hofburg stapelten sich Waffen und Munition – man bereitete sich auf eine letzte Schlacht vor.

Zwei Stockwerke unter der Erde machte sich inzwischen eine seltsame Stimmung breit, schwankend zwischen Hoffnung und Verzweiflung, Angst und Resignation. Wie Zeitzeuge Karl Zischka für die ORF-Dokumentation *Österreich II* von Hugo Portisch erzählte, war man allerdings „bestens" aufgelegt. Karl Zischka, der seine Funkgeräte vom Bunker am Gallitzinberg mit dem Schnellpanzer zur Hofburg gebracht hatte, leitete den technischen Stab Schirachs und hielt die Funkverbindung nach Berlin aufrecht – jeden Tag um vier Uhr nachmittags musste dem Führerhauptquartier Bericht erstattet werden. Seine Erinnerung an die Tage unter der Hofburg: „Es gab Konservendosen und Kaviar, und der Champagner ist geflossen. Alles, was wir unendlich lang nicht mehr gesehen haben (...) Ich will nicht sagen, dass es Gelage gab, aber man hat sich mehr oder weniger gut unterhalten. Und jeder hat an den Sieg geglaubt. Jeder hat an die Wunderwaffe geglaubt, die irgendwie noch eingesetzt werden sollte."

Dann stellte sich auch noch ein illustrer Besucher ein: SS-Obersturmbannführer *Scarface* Otto Skorzeny, der Befreier Mussolinis am Gran Sasso und gebürtiger Wiener, wollte sich selbst vom Heroismus Schirachs und seiner Männer überzeugen. Skorzeny legte später dieses Treffen in seinen Erinnerungen auf den 10. April, was nicht stimmen kann, da Schirach sich zu diesem Zeitpunkt bereits jenseits der Donau in Flandorf befand; die Details, die er erwähnt, verweisen eher auf den 7. April. Der SS-Obersturmbannführer wunderte sich über das luxuriöse Ambiente von Schirachs Reich, noch mehr aber über die Illusionen, denen sich der Reichsstatthalter hingab: „Auf dem Boden lagen prachtvolle Teppiche, an den Wänden hingen Schlachtenbilder und Porträts von Generalen aus dem achtzehnten Jahrhundert. Im Vorzimmer wurde gegessen, getrunken und gelärmt. Ich mußte dem Gauleiter erklären, daß ich in der Stadt keinen einzigen deutschen Soldaten zu Gesicht bekommen hätte und daß die Barrikaden unbesetzt seien. Ich lud ihn ein, mit mir doch eine Erkundungsfahrt zu unternehmen. Er lehnte diese Einladung jedoch ab und erklärte mir, über seine Landkarte gebeugt, wie man Wien retten würde: Zwei Elitedivisionen stünden zum Angriff bereit. Eine würde vom Norden her angreifen und die andere vom Westen: der Feind müsse kapitulieren. Durch ein ähnliches Manöver, meinte er, zwang Fürst Starhemberg 1683 die Türken, die Belagerung Wiens aufzuheben." Ein erschreckender Realitätsverlust, auf den selbst ein Mann wie Skorzeny nur mehr mit Resignation antworten konnte: „Jede weitere Diskussion war sinnlos. Ich verabschiedete mich. Schirach sah mich an: ‚Skorzeny, meine Pflicht ist in drei Worten ausgedrückt: siegen oder sterben!' Zweifellos wollte er sagen: siegen oder mich absetzen, denn der Verteidigungskommissar des Gaues Wien verließ fünf Stunden später Wien, so schnell er konnte." – Was die „fünf Stunden" betrifft, so irrt das „Narbengesicht" in der Rückschau, auch vergisst Skorzeny hinzuzufügen, dass er in diesen Stunden selbst keineswegs gewillt war, als Held für seine Heimatstadt zu sterben. Zunächst einmal genoss er in einem Nebenraum des „kerzenerhellten Salons" einen Imbiss, den man ihm anbot; dann hatte er auch noch Gelegenheit, mit dem stellvertretenden Gauleiter Karl Scharizer über die Lage zu sprechen und erfuhr von diesem über die Widerstandsbewegung von Major Szokoll. Doch Widerstand hin, Widerstand her – der gefeierte Geheimkommando-Führer und skrupellose Kriegsverbrecher zog es ebenfalls vor, nach einem letzten kurzen Aufenthalt in seiner Döblinger Wohnung, aus der er noch einige Jagdwaffen mitnahm, rechtzeitig das Weite zu suchen, und zwar noch vor Schirach: „Ich verließ die Stadt über die Floridsdorfer Brücke und drehte mich noch einmal um: ‚Auf Wiedersehen, Wien'" ...

LASST UNS FAHREN!

Schirach und General Sepp Dietrich, der Befehlshaber der 6. Panzerarmee, berieten sich „bei Braten und Wein" bis zum Abend des 7. April beinahe in Permanenz, noch wollte man den Widerstand nicht aufgeben. So sah ihr Plan vor, die Hofburg zur Zitadelle zu erklären und sie nach dem Fall des Allgemeinen Krankenhauses und des Rathauses als letzten großen Stützpunkt zu halten. Der Funkspruch des Tages lautete: „Die Hofburg ist Festung

→ Er war kein Held, wurde aber von der NS-Propaganda gekonnt in heroischer Pose inszeniert: Hitlers „Kronprinz" Baldur von Schirach als Infanterist beim „Westfeldzug" gegen Frankreich 1940.

und wird bis zum Letzten verteidigt." Noch in den Abendstunden des 7. April sollten daher alle zivilen Bewohner der Hofburg sowie alle hier untergebrachten Verwundeten – immerhin an die 1.000 Mann – evakuiert werden.

Doch jetzt setzten sich das Sanitätspersonal und die Verwundeten selbst zur Wehr – eine „geschlossene Front des Widerstandes" formierte sich, mit ihren Krücken gingen die Verwundeten auf die SS-Männer los. Unterstützung erhielten die Lazarettinsassen von „Freiheitskämpfern", die in der Hofburg Unterschlupf gefunden hatten: etwa 140 Soldaten aller Dienstgrade, die sich zur Widerstandsgruppe „Burg" zusammengeschlossen hatten. Sie räumten das Waffendepot der SS aus, brachten Panzerfäuste und Minen weg, durchschnitten Telefonkabel und die Leitungen der Funkanlage, entfernten Sprengladungen, zerstörten die Maschine des Senders und sprengten die Dachantenne. Wie das *Kleine Volksblatt* 1946 berichtet, gelang es dem militärischen Widerstand sogar, sich in die Telefonleitung aus dem Bunker Schirachs einzuschalten und Befehle zu manipulieren – zurückflutende Truppen erhielten falsche Befehle, letztlich wäre so der Einsatz von Panzerbekämpfungstruppen sowie die Verteidigung der Wiener Innenstadt vereitelt worden *(Helden kämpfen um den Heldenplatz, Das Kleine Volksblatt, 14. April 1946)*. Schirach und Dietrich

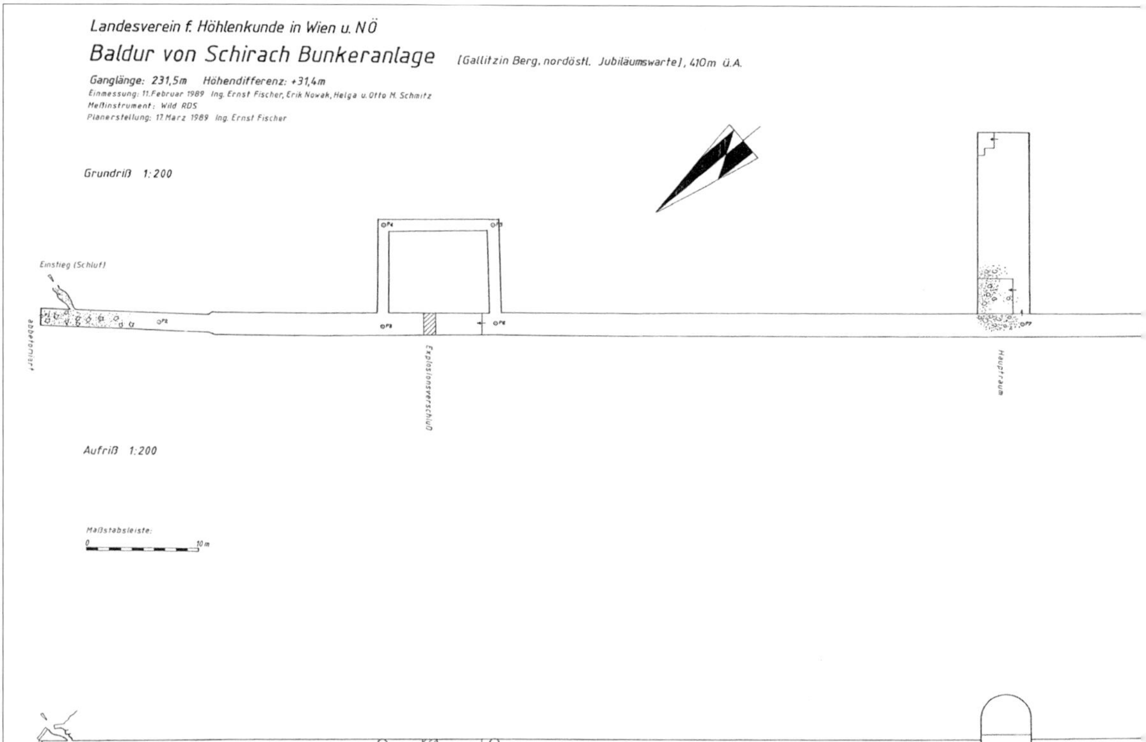

blieb nichts anderes übrig, als die Frist zur Räumung der Hofburg bis zum nächsten Tag, den 8. April, zu verlängern.

Dieser 8. April 1945, ein Sonntag, war ein strahlender Frühlingstag. Temperaturen bis zu 14 Grad waren vorausgesagt, in den Gärten am Stadtrand blühten bereits die Obstbäume, doch niemand hatte Augen dafür, denn der ohrenbetäubende Lärm des Krieges beherrschte alles: Maschinengewehrfeuer mischte sich mit dem Bellen der Flakgeschütze und dem Heulen der „Stalinorgeln". Riesige schwarze Rauchwolken standen über der Stadt.

In und unter der Hofburg spitzte sich die Lage zu: Als die Verwundeten und das Sanitätspersonal auch weiterhin keine Anstalten zum Verlassen der Hofburg machten und sich gegen die SS zu verbarrikadieren begannen, resignierten die Herren im Bunker: Der Plan zur heldenhaften Verteidigung der Zitadelle Hofburg wurde aufgegeben, stattdessen entschloss man sich trotz steigender Nervosität zu einem letzten Festgelage. Doch das Vergnügen währte nur kurz – ein Melder traf ein und erstattete SS-Obersturmführer Fritz Wieshofer, dem Adjutanten Schirachs, im Vorzimmer Bericht. Die Nachricht des Mannes sorgte für verstärkte Hektik: „Die Russen sind durchgebrochen und nun ist es höchste Zeit, dass wir aus der Hofburg gehen." Wieshofer stürzte zu seinem Chef ins Nebenzimmer

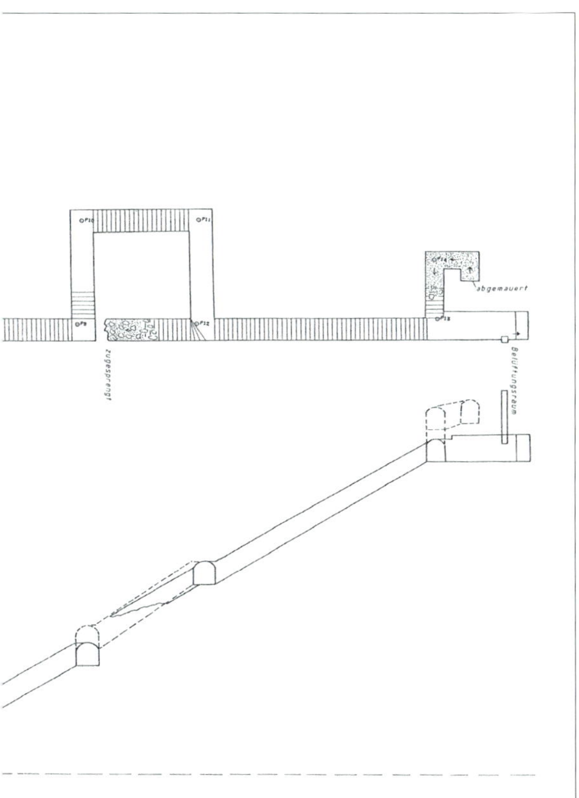

← Der „Gaubefehlsstand" im Grund- und Aufriss. Herzstück im Großen Stollen war das „Reichsleiterzimmer", das mit einer umlaufenden Sitzbank sowie mit Tisch und Sesseln eingerichtet war. Große Landkarten und ein Wandfries aus acht Panoramabildern erlaubten die rasche Orientierung.

↑ Nur ein Trümmerfeld ist geblieben: der gesprengte Eingang zum „Gaubefehlsstand" am Gallitzinberg. Er war eine der technisch am besten ausgerüsteten Drahtfunkzentralen des Deutschen Reiches.

und verkündete: „Reichsleiter, es ist ja wohl nicht deine Aufgabe, die Hofburg mit der Pistole in der Hand zu verteidigen!" Schirach, der nicht unvorbereitet auf diese Situation war, soll laut Wieshofer gesagt haben: „Na also! Es ist so weit! Lasst uns fahren!"

Gegen 12 Uhr schickte man eine Ordonnanz durch die Bunkerräume, der Befehl lautete: „Alle Angehörigen der Standarte Großdeutschland sitzen sofort auf" – das Festessen wurde unterbrochen, hektisch packte man die wichtigsten Sachen zusammen, dann ging es zu den in einem Innenhof der Hofburg bereitstehenden, vollgetankten Fahrzeugen. Der Gauleiter stieg in seinen VW-Schwimmwagen, im Volksmund „Schwimmerl" genannt, dahinter kam ein Mercedes-Cabrio mit der Leibwache, vier Mann von der Genesendenkompanie des Panzerkorps „Großdeutschland", ausgerüstet mit Maschinenpistolen und einem MG. Adjutant Fritz Wieshofer folgte in einem weiteren Schwimmwagen, zwei Lkw der Kompanie mit Lebensmitteln bildeten den Schluss der Kolonne, die Richtung Floridsdorfer Brücke rollte, vorbei an Einheiten der Wehrmacht und der SS. Um den Nazi-Prinzen Schirach, der jetzt möglichst unauffällig mit seinem „Hofstaat" das Weite suchte, kümmerte sich niemand mehr ...

Für den Fall einer „Absetzbewegung" aus Wien hatte Schirach bereits einen Direktive aus Berlin vorliegen – Hitlers Sekretär Martin Bormann hatte ihm funken lassen: „Reichsleiter Schirach begibt sich mit seinem letzten Dienstgrad zur Truppe." So ganz genau wollte es der Gauleiter a. D. dann doch nicht nehmen, aber immerhin: Zum neuen Quartier Schirachs wurde für einige Tage das Gasthaus Hempfling in Flandorf, Gemeinde Hagenbrunn, am Fuße des Bisambergs. Und er wollte sich nützlich machen: Als Verbindungsoffizier zwischen Sepp Dietrich und Obergruppenführer Willy Bittrich, dem Kommandeur des II. SS-Panzerkorps, sah er

← Letzte Kämpfe um die Innenstadt: sowjetischer Granatwerfer am Heldenplatz.

↗ Dunkle Rauchwolken über der Stadt künden vom Beschuss durch sowjetische Artillerie.

→ Nach der Befreiung Wiens: Der sowjetische Kriegsberichterstatter Jewgeni Ananjewitsch Chaldei (2. von rechts) mit Reporterkollegen vor der Neuen Burg. Chaldeis Vater und drei Schwestern wurden von den Deutschen in Stalino ermordet.

sich nun am richtigen Platz, kannte er doch, wie er später in seinen Erinnerungen schrieb, in der Gegend um den Bisamberg „jeden Steg und Weg". Und so fuhr er täglich zum Gefechtsstand Bittrichs, um zumindest dem Schein nach seinen Beitrag zur Schlacht zu leisten. Tatsächlich wussten die Militärs mit dem abgehalfterten „Goldfasan" wohl wenig anzufangen.

Die Flucht Schirachs war ein deutliches Signal: Auf deutscher Seite wurde der Kampf um Wien bereits aufgegeben. Im Hauptquartier der Heeresgruppe Süd entschied sich Generaloberst Lothar Rendulic am Abend des 9. April zur Räumung der Inneren Stadt, ein entsprechender Befehl erging an Bittrich und das II. SS-Panzerkorps. In der Nacht zum 10. April setzten sich die deutschen Einheiten über den Donaukanal ab und bezogen in den Gebäuden auf der Nordseite neue Stellungen – Wohnungen, von ihren Besitzern zuvor verlassen, verwandelten sich in Windeseile in provisorische Bollwerke: Möbel wurden vor die Fenster geschoben, Türstöcke herausgerissen und Mauern durchbrochen, um eine durchgehende Kampflinie herzustellen. Am Morgen des 10. April wurde die Aspernbrücke als letzte Donaukanalbrücke gesprengt. Um 4.30 Uhr eröffneten deutsche Geschütze das Feuer auf die vorrückenden Sowjets, die im Verlauf des Tages kampflos den ersten Bezirk besetzen konnten – ein Erfolg, der später in der sowjetischen Kriegsberichterstattung als „Heldentat" glorifiziert wurde.

Und Schirachs *Last Stand*? Wie das *Neue Österreich* zu berichten wusste, blieben „kostbare Porzellanteller" und Mokkaschalen im Keller zurück – und die Galauniform des Reichsstatthalters, die einige Tage später von einem Soldaten der Roten Armee gefunden und zum Gaudium seiner Kameraden anprobiert wurde *(Wien am Abgrund, Neues Österreich, 23. April 1945)*.

SCHLACHT UM WIEN

Für den Fotografen robbten die Soldaten der Roten Armee noch einmal an die Ringstraße heran, Gefahr von Seiten des Feindes, den Kräften der Wehrmacht und der SS, drohte da keine mehr: Gau- und Reichsleiter Baldur von Schirach und General Sepp Dietrich, der Befehlshaber der 6. Panzerarmee, hatten sich schon am Vormittag des 8. Aprils 1945 dazu entschlossen, den Plan einer „Festung Hofburg" aufzugeben und den Rückzug über die Donau anzutreten, solange dies noch möglich war. Um einer Einschließung von noch kampfstarken Truppenteilen zu entgehen, zog die Leitung der Heeresgruppe Süd an diesem Fluchttag Schirachs auch die noch intakte Führer-Grenadier-Division ans nördliche Donauufer.

.....

In der Unterwelt des Naturhistorischen Museums

In den Kellerbereichen des „Palastes der Natur" an der Ringstraße lagern rund 30 Millionen Objekte – das Ergebnis von Forscherneugier und Sammelfleiß. Eine unterirdische „Arche Noah", in der sich die Geschichte des Hauses spiegelt.

Das Naturhistorische Museum in Wien ist eine Institution, mit der sich die Höhlenforscher sehr verbunden fühlen. Genau hier hat man es bereits sehr früh verstanden, Menschen für die Naturwissenschaften zu begeistern. Unter der Führung sachkundiger Mitarbeiter des Hauses war es immer eine Freude, den vielen Aktivitäten beiwohnen zu dürfen: den Vorträgen, Exkursionen und ständig wechselnden Ausstellungen zu spannenden Themenbereichen. Den jungen Höhlenforschern wurde sogar die Möglichkeit geboten, in einer fixen Vortragsreihe und in regelmäßigen Treffen über ihre Forschungsarbeiten zu berichten. Es etablierte sich hier eine enge Zusammenarbeit zwischen den Forschergruppen draußen und der Informationssammelzentrale am Naturhistorischen Museum Wien. Die Offenheit in allen Richtungen war hier immer vorhanden und gab zahlreiche Impulse zu neuen Unternehmungen.

Das am 10. August 1889 eröffnete Naturhistorische Museum, damals noch als k.k. Naturhistorisches

Hof-Museum geführt, ist ein Hort der Naturwissenschaften. Ein Haus, in dem jeder Mensch ein Grundwissen in den unterschiedlichsten Wissensgebieten erlangen kann. Es ist aber auch ein Haus, in dem viele Menschen arbeiten, um diese enorme „Maschine" am Leben zu erhalten. Wir haben mit freundlicher Erlaubnis der Museumsleitung die Gelegenheit bekommen, uns in diesem altehrwürdigen Gebäude, in dem Geschichte immer eine Rolle gespielt hat, genauer umzusehen. Wie in allen Museen der Welt herrscht auch hier ein notorischer Platzmangel. Jeder Quadratzentimeter an Fläche, den man hier findet, möchte sofort genutzt werden. Wir steigen hinab in den Keller, um uns hier umzusehen. Ein unheimliches Tier steht im Gang! Glücklicherweise ist dieses unbeweglich und stellt für niemanden eine Gefahr dar.

Der größte Teil des unterirdischen Bereiches des Museums dient zur Lagerung und Erhaltung vieler Präparate. Die Sammlung des Naturhistorischen Museums ist berühmt und wird weltweit geschätzt, versammelt es doch die unglaubliche Zahl von rund 30 Millionen Objekten! Beeindruckt wandern wir vorbei an wahren Heerscharen von Tierpräparaten, an Vögeln und Affen, Antilopen und Raubkatzen, es ist eine unterirdische Arche Noah, die vom Sammelfleiß der Wissenschafter zeugt, von ihrem Bemühen, die großartige Vielfalt der Natur zu dokumentieren und den Besuchern des Hauses zu vermitteln.

Auf der Suche nach den Spuren aus der jüngeren Vergangenheit werden wir hier sehr schnell fündig. An einer Wand entdecken wir ein aus Holz gefertigtes Türl mit zwei eisernen Sperrriegeln. Es sind die letzten Einbauten eines Luftschutzkellers. Wir können annehmen, dass ein so großes Haus wie das Naturhistorische Museum seinen Mitarbeitern einen Schutzraum zur Verfügung stellte. Mehrere dieser Teile finden wir in unterschiedlichster Ausführung. Selbst schwere Luftschutzblenden, aus massivem Eisen gefertigt, sind hier unten noch zu sehen. In einem Kellerraum, der heute zur Aufbereitung von Warmwasser genutzt wird, finden sich an der Wand alte Warnhinweise. In einem niedrigen Nebengang stößt man auf eine alte Holzkiste – in ihr wurde mit ziemlicher Sicherheit „Deutsche Markenbutter" transportiert.

In einem Lagerbereich fällt uns ein mehr oder weniger verstecktes Lastenteil mit Rädern auf. Es handelt sich hier um eine Kohlenlore. Einer der sehr seltenen Wägen, mit dem der Heizer einer großen

← Im kaiserlichen Palast der Natur war das Rauchen von jeher untersagt!

↗ Massive alte Technik im Keller des Naturhistorischen Museums.

Anlage die Kohle zu den Öfen transportieren konnte ... und da sind wir schon beim nächsten Thema: der Heizung eines solch großen Hauses.

DIE RESTE DER ALTEN HEIZUNGSANLAGE

Im Keller dieses wundervollen Palastes der Natur, der heute mit einer modernen Heizungsanlage versehen ist, wurde zurzeit seiner Errichtung mit völlig anderen Methoden das Wohlbefinden in den kalten Jahreszeiten erhalten und gesteigert. Hier gab es wie seinerzeit in der Hofburg und im Burgtheater einst eine ausgeklügelte Lüftungs- und Wärmeanlage. Im Keller des Hauses waren Heizer angestellt, die für die Aufrechterhaltung der Glut im hauseigenen Ofen zu sorgen hatten. Die Luftkanäle waren große gemauerte Gänge, über die man unterirdisch die einzelnen Gebäudeteile mit Wärme oder Luft versorgte. Wir durchschreiten einen kleinen Bereich dieser noch vorhandenen Gänge. Inmitten eines solchen Ganges befindet sich ein Tor. Dieses Tor ist mittig am Boden und am oberen Ende des Gewölbes gelagert. Seinerzeit diente es zur Regulierung der Luft. Mithilfe dieses wie ein Ventil ausgeführten Eisentores konnte für die richtige Luftströmung gesorgt werden. Dort, wo warme Luft gebraucht wurde, öffnete man diese großen Drehklappen. Ein Schließen dieser Eisentore ist heute nicht mehr möglich. Heute werden diese Kanäle für viel später eingebaute Luftkanäle der modernen Heizung genutzt. In der geöffneten Stellung verbleiben die einstigen Stellklappen der historischen Heizungsanlage und sind nur mehr als Schauobjekt einer längst vergangenen Technologie zu bewundern.

Beim Durchwandern dieser unterirdischen Gänge, die heute nur mehr in kurzen Abschnitten vorhanden sind, werden wir gleich wieder fündig! Wie aus einem Science-Fiction-Film taucht sie vor uns auf: die bis heute hier unten erhalten gebliebene schaurigschöne Ventilationsturbine des Naturhistorischen Museums.

Umlenkrollen, Eisenketten, Zahnräder, Eisenklappen, Metallscharniere, Schneckenwelle und Kraftübertragung – all das geht einem durch den Kopf, wenn man die allerletzten Teile der historischen Heizungsanlage vor sich hat!

↓

Naturhistorisches Museum
Burgring 7
1010 Wien

DAS GEHEIMNIS DER EISENTORE

Die Luftkanäle im Keller des Naturhistorischen Museums waren geräumige gemauerte Gänge, über die man unterirdisch die einzelnen Gebäudebereiche mit Luft und Wärme versorgte. Massive, mittig angebrachte Eisentore dienten der Regulierung der Luftströmung: Wurde warme Luft gebraucht, so öffnete man diese großen Drehklappen, eine Ventilationsturbine sorgte für die Strömung. Ein Schließen dieser Eisentore, die sich heute in geöffneter Stellung befinden, ist nicht mehr möglich. Die alten Gänge, die nur mehr in kurzen Abschnitten vorhanden sind, werden nun für die später eingebauten Luftkanäle der aktuellen Heizungsanlage genutzt. Altes und Neues, historische und moderne Technologie verbinden sich so in nützlicher Symbiose.

.....

DAS GEHEIMNIS DER SEILERSTÄTTE

Einer der legendenumwobenen Orte, zu dem wir seit vielen Jahren und immer wieder von Neuem Hinweise erhalten, befindet sich im ersten Bezirk. Seit vielen Jahren hält sich das unbewiesene Gerücht, dass es hier während des Zweiten Weltkrieges eine Garage gegeben hat. Die Garage befand sich zwei Stockwerke unter dem Straßenniveau. Es gibt die Geschichte, dass in dieser unterirdischen Garage nach dem ersten Luftangriff auf Wien im Jahre 1944 sehr viele schöne und damals schon alte Autos abgestellt wurden. Die Garage war zum Sammelpunkt verschiedenster wertvoller Automobile geworden. Ein geschützter und wie man damals hoffte auch sicherer Ort, um die Fahrzeuge vor jeglicher Gewalteinwirkung zu bewahren. Die Fahrzeuge standen in dem unterirdischen Gewölbe sehr dicht aneinander, bis zum letzten Platz soll der Gewölbekeller ausgefüllt worden sein. Wer jetzt glaubt, dass solche Orte nicht existieren, und wer sich denkt, dass so etwas nur in den Märchenbüchern von Abenteurern zu lesen ist, der irrt. Bei unseren Dokumentationsarbeiten gelangen wir nicht selten an die unglaublichsten und spannendsten Orte, von deren Existenz nur ganz wenige Personen eine Ahnung haben. In der Stille verborgen, hat Österreich vieles an unglaublichen Plätzen aufzuweisen. Es sind dies die Orte, die uns zum Staunen bringen und auf deren Suche wir uns immer wieder aufs Neue begeben.

Die mysteriöse Garage hat es wohl tatsächlich gegeben. Im Verlaufe eines Luftangriffs schlug eine Bombe an einer Seitenwand des Garagengewölbes ein und detonierte. Das Benzin, das sich in den Tanks der Fahrzeuge befand, entzündete sich und zahlreiche Autos begannen zu brennen. Der Schaden war so groß, dass man sich um diese Fahrzeuge nicht mehr bemühte und begann, diversen Bombenschutt in diese Ebene der Garage zu verfrachten. So soll der Keller mit den Fahrzeugen einfach mit Schutt verfüllt worden sein.

↓
1010 Wien

Der Zugang zu der verschütteten unterirdischen Garage auf der Seilerstätte befindet sich in einem Privathaus und ist öffentlich nicht zugänglich.

↖ Werden wir hier fündig?

← Immer wieder entdecken wir in Österreich geheimnisvolle Orte: ein Wohnraum voller historischer Motorräder.

→ Ein Abstieg zu neuen Erkenntnissen? – Die Wendeltreppe endet in einem Schutthaufen, das Rätsel bleibt noch ungelöst!

VERGESSENE ALLTAGSWELTEN

Das verrostete Fernrohr zu den Sternen

Spinnennetze haben die Fenster überzogen, der Staub von knapp hundert Jahren bedeckt den leeren Tubus des Coudé-Fernrohrs. Im Sternwartepark stoßen wir auf einen Erinnerungsort der astronomischen Forschung in Österreich.

Die Anrainer im Währinger Cottageviertel kennen und schätzen ihn sehr. Wie eine grüne Insel inmitten der Großstadt erstreckt sich der Sternwartepark zwischen Türkenschanzstraße und Littrowgasse. Seit dem April 2013 sind die markierten Wege durch den Park öffentlich zugänglich, an Werktagen zwar nur, aber immerhin. 1973 hatte eine Bürgerinitiative, massiv unterstützt von einer Medienkampagne der *Kronen Zeitung*, eine Volksbefragung über die geplante Verbauung des Parks erreicht; 57,4 Prozent sprachen sich damals gegen das Bauprojekt – den Neubau des Zoologischen Instituts der Universität Wien – aus; Bürgermeister Felix Slavik, Befürworter des Bauvorhabens, trat daraufhin von seinem Amt zurück.

Das knapp sechs Hektar große Areal, das sich im Besitz der Bundesimmobiliengesellschaft befindet, ist ein Stück Wildnis inmitten von Wien geblieben, offiziell ausgewiesen als Naturdenkmal 713. Wer den Sternwartepark betritt, entfernt sich

Schritt für Schritt vom Trubel der Großstadt und beginnt seine Sinne auf die wundervolle Farbenpracht und das satte Grün der Natur einzustellen. Bienen summen um uns, Schmetterlinge flattern auf, es ist ein wundervoller Ort zum Innehalten und Durchatmen.

Inmitten dieser prachtvollen Naturlandschaft befindet sich ein der Wissenschaft gewidmeter Ort. Ein Gebäude, in dem man es sich zur Aufgabe gemacht hat, weit entfernte Punkte unseres Universums zu beobachten und zu lernen: die Universitätssternwarte Wien. Sie kann gleich mit zwei Rekorden aufwarten. Als das Observatorium im Jahre 1883 eröffnet wurde, besaß es das zur damaligen Zeit größte Linsenfernrohr der Welt! Diesen Rekord kann es zwar heute nicht mehr für sich in Anspruch nehmen, doch ist es immer noch weltweit das größte zusammenhängende Sternwartebauwerk! Die Ausmaße dieser Kathedrale der astronomischen Forschung sind imponierend: 101 m lang, 73 m breit und 36 m hoch ist der Bau, zu dem am 19. Juli 1874 der Grundstein gelegt wurde. Seine Vorgeschichte reicht lange zurück: Karl Ludwig von Littrow (1811–1877), seit 1842 Direktor der alten Universitätssternwarte am Dach des alten Universitätsgebäudes neben der Jesuitenkirche, die 1753 bis 1754 unter Maria Theresia errichtet worden war, drängte von Beginn seiner Tätigkeit an auf einen Neubau. Rauch, Dunst und Lärm in der Innenstadt erschwerten die Arbeit zusehends. Ein erster Antrag aus dem Jahre 1846 ging in den Wirren des Revolutionsjahres 1848 unter, 1850 legte Littrow ein detailliertes Konzept vor, das als Standort den Höhenrücken zwischen Hernals und Währing vorsah, konkrete Schritte blieben jedoch aus. Das änderte sich mit dem 1867/68 fix beschlossenen Neubau der Universität an der Ringstraße: Littrow erhielt den Auftrag, neue Vorschläge zu machen, und nun kam erstmals das Gelände an der Türkenschanze ins Spiel. Die Astronomenversammlung billigte 1869 den gewählten Bauplatz, sah man ihn doch der gefürchteten „Dunstsphäre“ der Stadt vollkommen entrückt. 1872 konnte das Gelände vom Aerar um 169.000 Gulden erworben werden, mit der Ausführung der Pläne wurde das Architektenbüro Fellner & Helmer betraut, zum Baumeister Ferdinand

Ein *Lost Place* im Sternwartepark: Die optischen Geräte wurden ausgebaut, die verbliebenen Teile rosten vor sich hin.

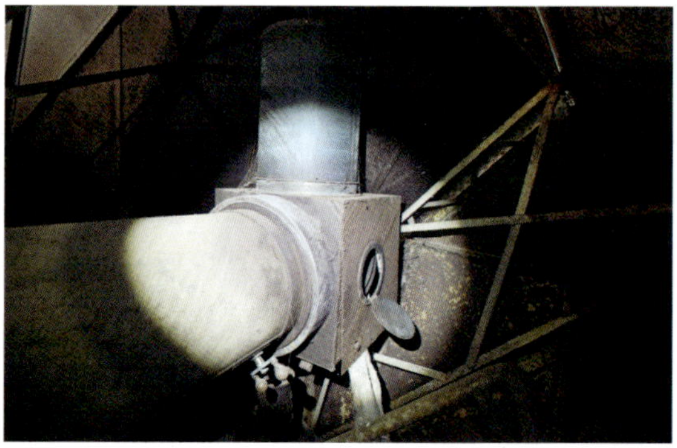

→ Der reichste Mann Wiens, Baron Albert von Rothschild, stellte für das „Coudé" 10.000 Gulden zur Verfügung.

Oberwimmer, der Baumeister der Währinger Cottage, bestellt. Man entschied sich nach dem Vorbild der Sternwarte in Berlin für ein Gebäude in Kreuzform mit einer 14 m hohen Hauptkuppel als Mittelpunkt.

Die wichtigsten Instrumente bestellte man bei den Firmen Grubb in Dublin und Alvan Clark in Cambridgeport bei Boston. Grubb lieferte den großen Refraktor, das mit 68 cm Öffnung und 10½ m Brennweite größte Linsenteleskop der Zeit, dessen Kosten sich allein auf stolze 80.000 Gulden beliefen. Das Gesamtgewicht des technischen Wunderwerkes mit der Montierung: 18 Tonnen, allein das Objektiv wog 130 kg. Mit einer viermonatigen Studienreise in die USA und nach Großbritannien hatte sich zuvor Littrows Kollege Edmund Weiß (1837–1917) eingehend über den aktuellen Stand im optischen Gerätebau informiert.

Auch die noch einsatzfähigen Geräte der alten Universitätssternwarte wurden in den Neubau transferiert, so ein 6-Zoll (15 cm)-Teleskop von Fraunhofer, das in der Ostkuppel Aufstellung fand, ein Merz-Kometensucher, der in der Nordkuppel montiert wurde, und ein sogenannter „Meridiankreis" von Starke-Reichenbach.

Von einem Pfeiler im Ostflügel aus wurde die Sternwarte 1876 in umfangreichen Vermessungsarbeiten an das Vermessungsdreieck Anninger, Hermannskogel, Hundsheimer Berg angeschlossen und an der östlichen Plattform des Gebäudes ein trigonometrischer Fixpunkt angebracht; die Universitätssternwarte bildet den Längenbezugspunkt Österreichs.

Bereits am 13. April 1880 konnte Direktor Edmund Weiß – Karl von Littrow war im November 1877 gestorben – mit den regelmäßigen Beobachtungen des Himmels beginnen, das erste Objekt seines Interesses: ein Komet mit dem Namen „1880 II".

Im Frühjahr 1883 wurde der große Refraktor fertig montiert, die feierliche Eröffnung des Instituts, dessen Gesamtkosten sich auf etwa eine Million Gulden beliefen, wurde schließlich für den 5. Juni 1883 angesetzt. Kaiser Franz Joseph selbst kam zum Festakt, zahlreiche Ehrengäste waren geladen. Direktor Edmund Weiß verwies in der Begrüßung mit dem Hinweis auf die Entsatzschlacht von 1683 auf die historische Bedeutung des Standortes: „An derselben Stelle, wo vor 200 Jahren das Schicksal Europas in heißer Schlacht entschieden wurde, erhebt sich nun ein glänzendes Denkmal der kaiserlichen Fürsorge Eurer Majestät, eine weithin sichtbare Warte, doch nicht dem Kampfe, sondern dem Dienste der Wissenschaft geweiht."

Franz Joseph äußerte sich in seiner kurzen Ansprache „mit Befriedigung" über die Vollendung der

Sternwarte und wurde „nicht müde, sich über die Details des Baues und die Handhabung der ihm gezeigten Instrumente zu erkundigen“, wie die *Neue Freie Presse* ihren Lesern berichtete. Im Mittelpunkt der Vorführungen stand der große Refraktor: „Director Weiß ließ denselben functionieren, und der Kaiser beobachtete ein Sonnen, ein Kohlenwasserstoff- und ein Natronspectrum.“ Überrascht zeigte er sich besonders von der leichten Lenkbarkeit und „Verschiebbarkeit“ des Rieseninstruments.

Zum Abschluss seines Besuches genoss Franz Joseph vom äußeren Teil der großen Kuppel aus den Blick über das Cottage-Viertel und Wien. „Ich habe Mir das neue Cottage-Viertel nicht so schön gedacht“, sagte er und ergänzte: „Ich sehe es heute zum erstenmale.“ Der 53-jährige Monarch zeigte sich jedoch ansonsten gut informiert, nützte die Gelegenheit, um Einzelheiten über den projektierten Türkenschanzpark zu erfahren, und verließ „unter Hochrufen“ die Sternwarte Richtung Schönbrunn.

DIE UNIVERSITÄTSSTERNWARTE IN DEN LETZTEN KRIEGSTAGEN

Im Frühjahr 1945 setzte der Krieg dem eher beschaulichen wissenschaftlichen Betrieb an der Sternwarte ein Ende. Beim Fundament des großen Refraktors unter dem Rundsaal wurde eine Rettungsstelle mit Operationssälen eingerichtet, zugleich dienten diese Räume als Luftschutzkeller, in denen bei Luftangriffen auch die Menschen aus den benachbarten Lazaretten Zuflucht fanden. Glücklicherweise blieb die Anlage von schweren Schäden verschont, insgesamt fielen nur 13 Bomben auf das Sternwartegelände. Knapp vor Ankunft der Russen hatte dann irgendwer die Idee, die Umfassungsmauer des Parks als Verteidigungslinie für den „Volkssturm“ zu nützen – tatsächlich besetzten jugendliche „Volkssturmmänner“ die Mauer und wollten hier für den „Führer“ sinnlos ihr Leben opfern. In dieser gefährlichen Situation zeigten die Frauen aus

← Forschung anno dazumal: das Coudé im Einsatz. In der unmittelbaren Umgebung des Gebäudes durfte es keine Bäume geben. Mit der Beobachtung von kleinen Planeten und Kometen wurde 1890 begonnen.

der Umgebung Mut und Entschlossenheit: Sie überredeten die jungen Burschen dazu, die Uniformen auszuziehen und die Waffen wegzuwerfen – zusammen mit der Munition wurde das verräterische Zeug hinter der Mauer beim Tor zur Sternwartestraße vergraben.

So wie alle anderen Universitätsinstitute erhält auch die Sternwarte am 1. April 1945 von Viktor Christian, dem Prorektor der Universität, Befehl, alle kostbaren Geräte zu zerstören – eine Wahnsinnsorder, die, wie Zeitzeuge Iwan Nikoloff, damals Student und als wissenschaftliche Hilfskraft angestellt, berichtet, vom Observator Dr. Hans Krumpholz (1883–1966) einfach ignoriert wurde. Es gelang, alle wissenschaftlichen Instrumente unbeschädigt zu erhalten. Dem Geschick von Hans Krumpholz und den Russischkenntnissen von Iwan Nikoloff war es vor allem auch zu danken, dass die Russen das „Planetarium" mit höflichem Respekt behandelten und es zu keinen Plünderungen kam. An den Außenwänden des Gebäudes wurden Plakate angeschlagen, auf denen das berühmte „Durchsucht" stand.

DIE „NAUTILUS" DER STERNENKUNDE

Bei unseren Erkundungen im Sternwartepark stoßen wir auf ein aus roten Ziegeln gemauertes Gebäude. Es wirkt auf uns sehr anziehend, schon der äußere Anblick erweckt unsere Neugierde. Als wir den Schlüssel in das Schloss stecken und nach dem Öffnen der Türe die ersten Schritte in das Gebäude setzen, schlägt unser Herz merklich schneller. Ein von alten, bereits verstaubten Spinnennetzen überzogenes Fenster gewährt uns einen verschleierten und trüben Blick in den Sternwartepark, aus dem wir gerade gekommen sind. Wir können es im ersten Augenblick gar nicht glauben. Kindheitsträume werden wahr. Sofort beginnen in unseren Köpfen Filme abzulaufen! *20.000 Meilen unter dem Meer*, *Reise zum Mittelpunkt der Erde* und *Die Reise zum Mond*. All diese Filme, bei denen wir mit Begeisterung vor den Leinwänden gesessen sind, um bei dem sonderbaren Treiben und den vielen Abenteuern, die es zu bestehen gab, mit dabei zu sein! Genau so ein Augenblick war gerade jetzt. Vor uns erscheint ein mit dem Staub der Geschichte überzogenes Eisenrohr, dessen Zweck wir erahnen, doch dessen Funktionsweise in uns im ersten Augenblick viele Fragen aufwirft. Wir fühlen uns, als hätten wir die „Nautilus" der Sternenkunde wiederentdeckt. Niemand, der durch den wundervollen Sternwartepark wandert, erahnt, welch seltsames, von Visionären der astronomischen Forschung erdachte Gerät des 19. Jahrhunderts in diesem Gebäude bis in unsere Zeit überlebt hat. Wir, die Smartphonebesitzer, begegnen einem mechanischen Ungetüm der Vergangenheit. Wir sind zum Staunen verurteilt und überglücklich, dass wir diesen Augenblick erleben dürfen. Ein Zeitsprung, direkt hinein in die Welt von Jules Vernes, ein Schritt zurück in die Geschichte Wiens, ausgelöst durch diese visuellen Eindrücke.

Wie das Dornröschenschloss, das auf den Retter wartet und hinter wucherndem Blätterwerk beinahe verschwindet, ist das Gebäude im Westteil des Parks völlig von üppigem Grün umschlossen. Einst war das Gelände rund um diese gewaltige Konstruktion aus Eisen frei von jeglicher Vegetation. Ein freies Sichtfeld zum Himmel war Grundvoraussetzung, um dieses besondere Fernrohr, ein sogenanntes „Coudé", wie wir später erfahren, in Betrieb nehmen zu können.

Die nach ihrem Stifter auch als „Rothschild-Coudé" bekannt gewordene Anlage ist heute ein völlig verrotteter Kasten, der das einstige Wunderwerk so recht und schlecht vor äußeren Einflüssen schützt. So wie der gesamte Sternwartepark befindet sich auch dieses Objekt in der Obhut der Bundesimmobiliengesellschaft. Wir sind also zuversichtlich, dass auch diesem Bauwerk in nicht allzu ferner Zukunft genügend Aufmerksamkeit geschenkt werden wird, um es vor dem Verfall zu bewahren.

AUS DER WELT VON JULES VERNE

Umgeben vom Grün des Sternwarteparks verrostet der ehemalige Stolz der österreichischen Astronomie. Albert Freiherr von Rothschild, der reichste Mann der Monarchie, unterstützte 1885 mit 10.000 Gulden die Errichtung des „Coudés“, das den Forschern die Möglichkeit gab, das mit einem 38-cm-Objektiv ausgestattete Teleskop der täglichen Drehung des Sternenhimmels nachzuführen. Bereits 1909 war eine erste Renovierung notwendig, die Beobachtungen wurden 1925 eingestellt, da der Rost eine weitere Benützung unmöglich machte. Das Gebäude fiel in einen Dornröschenschlaf, der noch immer anhält. Eine Gedenktafel über dem Eingang erinnert immerhin an den großzügigen Stifter.

DER VERLASSENE WEINKELLER

Am Rande des Sternwarteparks sind die Reste eines ehemaligen Weinkellers zu sehen. Er ist verschlossen. Bitte versuchen Sie nicht, ihn zu öffnen! Es gibt hier nichts mehr zu finden. Er wurde vor vielen Jahren ausgeräumt und fristet heute ein trostloses Dasein. Mit freundlicher Genehmigung durften wir hier einen Blick hineinwerfen, um Ihnen auch diesen unterirdischen Teil von Wien zeigen zu können.

Der Keller erinnert uns daran, dass sich hier, nahe dem alten Dorf Weinhaus, ehemals Weinberge befanden. Für die „Weinhauser" zu beiden Seiten des Währingerbaches war der Weinbau bis ins 19. Jahrhundert die wichtigste Einnahmequelle. Noch 1872, zum Zeitpunkt des Ankaufes der Sternwartegründe durch den Staat, wird von einem Wirtshaus berichtet, das dann dem Riesenbau weichen musste. 1890/92 wurde der Vorort Weinhaus in den 18. Bezirk eingemeindet – Währing wuchs damit um 83 Häuser!

↓

Sternwartepark
Edmund-Weiß-Gasse 2
1180 Wien

↖ Im alten Weinkeller am Rande des Sternwarteparks.

← Wurden nie abgeholt: die letzten leeren Weinflaschen im Weinkeller des Sternwarteparks.

Alles abschalten, es ist vorbei!

Fries, Geymüller, Rothschild, Gutmann – die Finanzgrößen der Monarchie engagierten sich bei diesem einst florierenden Textilunternehmen im Süden Wiens. Heute sind die Anlagen der ehemaligen Kammgarnfabrik Bad Vöslau ein bedeutendes Industriedenkmal.

Er ist mit Abstand einer der schönsten Orte, an dem man bis heute noch eine wirkliche Zeitreise durchführen kann. Nichts ist hier dekoriert, nichts ist hier für den Betrachter arrangiert. Es ist ein Ort, der dem Betrachter sehr authentisch und ohne Beschönigung die reale Welt einer Epoche ganz nah vor Augen führt. Kein Disneyland aus Niederösterreich und auch kein Nachbau eines bereits verschwundenen Ortes. Nein, sie ist zu unserem Glück noch immer erhalten geblieben und für uns noch zu sehen: die Energiezentrale der ehemaligen Kammgarnfabrik in Bad Vöslau. Wer diese große Halle betritt, glaubt, sich in den Film *Moderne Zeiten* von Charlie Chaplin verirrt zu haben. Riesige Motoren, Transmissionsriemen, Zahnräder, eine Fülle an Maschinen und technischen Einrichtungen, die sofort faszinieren. Hier ist für so manchen Betrachter der Augenblick gekommen, wo er vor lauter Details völlig hilflos und mit den Augen suchend tausend Fragen im Kopf entwickelt. Was ist das alles und

wie funktionierte das? In keinem Technischen Museum entsteht so eine eindringliche und visualisierte Aura, wie sie der Besucher hier wahrnehmen kann.

ES BEGANN MIT DEM GRAFEN FRIES

Es ist ein Schweizer in österreichischen Diensten, der den Aufstieg Vöslaus begründet: Johann Graf von Fries (1719–1785), Spross einer Patrizierfamilie aus Mühlhausen, ist Industrieller und Bankier, ein Mann, der den geschäftlichen Erfolg, so erscheint es den Zeitgenossen, geradezu für sich gepachtet hat und deshalb im bedrohten Reich Maria Theresias besonders willkommen ist. Im Österreichischen Erbfolgekrieg sorgt er tatkräftig für die Verpflegung der habsburgischen Truppen und er ist es, der die englischen Subsidien nach Wien bringt – ein Verdienst, für das sich die Regentin schließlich erkenntlich zeigt: 1752 erhält er von Maria Theresia das Privileg zur Prägung des legendären Maria-Theresien-Talers, wobei ein Drittel des Nettogewinns, der Seigniorage, bei ihm verbleibt. Die bis 1776 von Fries produzierte und in den Orient exportierte Silbermünze erfreut sich in Vorderasien und Afrika bald großer Popularität und mehrt stetig seinen Reichtum, allein in den ersten elf Jahren seines Vertrags mit der „Commercien-Hauptcassa" verdient er 400.000 Gulden. Die Gewinne investiert Fries in neue Unternehmungen: 1754 gründet er, inzwischen zum Direktor der k. k. Seidenfabriken ernannt, eine Seidenwarenfabrik in Oberdöbling, in Weißenbach an der Triesting errichtet er 1752 eine Messing- und Metallwarenfabrik – die frühe Industrialisierung der Umgebung Wiens ist untrennbar mit seinem Namen verbunden.

1759, die Habsburgermonarchie ringt im Siebenjährigen Krieg mit dem Preußenkönig Friedrich II. ein letztes Mal um Schlesien, übernimmt Johann von Fries auch noch die Leitung des k. k. Bergwerks-

← Der Klassisch-harmonische Fabrikarchitektur: die große Halle der ehemaligen Kammgarnfabrik Bad Vöslau.

↖ Das Werbesujet der „Vöslauer" in den 1960er-Jahren zielt bereits auf Image-Bildung: die Kammgarnfabrik als Bindeglied zwischen Schaf und Mensch.

Produktenverschleißes und schließlich gründet er zusammen mit dem Frankfurter Bankier Johann Jacob Gontard eine eigene Bank, das Bankhaus Fries & Compagnie. Fries ist für die Monarchie einfach unentbehrlich, da stört auch nicht, dass er Calvinist ist. Die dankbare Herrscherin revanchiert sich 1762 mit der Erhebung in den Freiherrenstand, 1782 erfolgt durch ihren Sohn Joseph II. die Verleihung der Reichsgrafenwürde. Auf der Suche nach einem repräsentativen Sommersitz in der Umgebung Wiens entscheidet sich das Finanzgenie für Vöslau: Über einen Strohmann, den Heereslieferanten Johann Georg Freiherr von Grechtler, kauft er die Herrschaft und lässt das aus dem Mittelalter stammende Wasserschloss und den Park durch den Hofarchitekten Ferdinand Hetzendorf von Hohenberg zu einem großartigen Landsitz ausbauen. Besonders spektakulär: der „Grottenberg" im Park mit einer künstlichen Grotte und dem Familienmausoleum, genannt „Tempel der Unsterblichkeit".

In dieser imposanten Vöslauer Gartenlandschaft kommt Fries auch zu Tode: Am 19. Juni 1785 findet man ihn tot im Teich des Schlosses treibend, die genauen Umstände dieses mysteriösen Todes bleiben ungeklärt, die Zeitgenossen vermuten Selbstmord, angeblich begangen in einem Anfall von „Schwermut". Die Verwaltung des märchenhaften Vermögens übernimmt seine Witwe Anne, geborene Parish (1737–1807); sein ältester Sohn Joseph Graf Fries stirbt nur drei Jahre später, seinem jüngeren Sohn Moritz Christian Graf Fries (1777–1826), bekannt als Förderer Beethovens, gelingt es, das Bankhaus 1826 in einen aufsehenerregenden Bankrott zu führen. Die Herrschaft Vöslau fällt an die reichen Konkurrenten: an Georg Simon von Sina und schließlich an Johann Heinrich von Geymüller den Jüngeren (1781–1848), der 1833 eine neue Geschäftsidee verwirklicht: Zusammen mit den Partnern Carl Deahna, seinem Schwager, und Emil Rhode, einem Textilfachmann aus Sachsen, gründet er mit 100.000 Gulden Stammkapital die Vöslauer Kammgarnspinnerei, die rasch zu einem florierenden Unternehmen aufsteigt. 1836 beschäftigt die Fabrik bereits 240 Mitarbeiter, Zweigbetriebe in Wien, Budweis und Kamnitz werden eröffnet. Die Arbeitszeit beträgt 1834 fünfzehn Stunden täglich, begonnen wird um fünf Uhr morgens. Immerhin: Wer wöchentlich zwei Kreuzer in eine Art Krankenkasse einzahlt, hat Anspruch auf ärztliche Behandlung und kostenlose Medikamente, bei längeren Krankheiten wird ein Krankengeld von zwei Gulden pro Woche ausbezahlt.

EIN BESUCH IN DER KRYPTA DER GRAFEN FRIES

Die Familie Fries bleibt indes Vöslau eng verbunden. So ist es Moritz Graf von Fries, der das Badehaus bei der Ursprungsquelle erwirbt und ab 1820 für den Ausbau zur Badeanstalt sorgt. 1837 gelangt die Familie auch wieder – durch Kauf von Geymüller – in den Besitz der Herrschaft und engagiert sich weiter für den Badebetrieb in Vöslau. Ein denkwürdiger Moment: 1880 besucht auch Kaiser Franz Joseph das Bad, das schließlich 1887 von der Gemeinde dem Grafen August von Fries abgekauft wird.

Als der Ort 1870 eine eigene Pfarre wird, sind es Reichsgraf Moritz II. und Flora von Fries, geborene Pereira, die die Errichtung der neuen, dem heiligen Jakobus geweihten Stadtpfarrkirche als „Hauptstifter" entscheidend unterstützen. Der „Stiftungsbrief" hält dabei fest, dass die Krypta unter dem Gotteshaus ausschließlich der Familie Fries als Begräbnisstätte vorbehalten bleiben soll – eine Bestimmung, die durchaus sinnvoll ist, denn hinter der Krypta verbirgt sich nichts anderes als das alte Grabmausoleum der Familie, das beim Kirchenbau auf dem ehemaligen Friedhofsgelände geschickt in die Anlage integriert worden ist.

Wir wollen einen Besuch der unterirdischen Grabstätte nicht versäumen und vereinbaren einen Termin. Gemeinsam mit unserer Führerin von der Pfarre steigen wir die Stufen zu dem eindrucksvollen Gewölbe hinunter, studieren die Totenschilder der einzelnen Familienmitglieder und lassen die seltsame Stimmung des Raums auf uns wirken: Der Gedächtnisort der Reichsgrafen Fries erinnert uns einmal mehr daran, wie schnell sich glanzvolle Gegenwart in unwirklich-ferne Vergangenheit verwandelt – *Memento mori!*

VON ROTHSCHILD ZUR „TEXTILLÖSUNG OST"

Da Mitbegründer Geymüller in finanzielle Schwierigkeiten gerät, wird über seine Firma 1841 der Konkurs eröffnet und die Kammgarnfabrik an eine Interessentengruppe versteigert, die das Unternehmen 1846 in eine Aktiengesellschaft umwandelt. Bis zum Ersten Weltkrieg wächst es durch Fusionen mit anderen Spinnereien kräftig weiter: Die Zahl der Beschäftigten steigt auf 4.000, die maßgeblichen Aktionäre sind die Bankhäuser Rothschild und Gutmann sowie die Creditanstalt. Auch nach dem Zusammenbruch der Monarchie kann die Vöslauer Kammgarnfabrik ihre Stellung als bedeutender Arbeitgeber der Region absichern – Ende der 1920er Jahre beschäftigt man 2.000 bis 2.600 Mitarbeiter, inzwischen hat man die Produktionsstätten um Färbereien und Appreturen erweitert. Während des Zweiten Weltkriegs produziert man wie viele andere Textilfirmen für die deutsche Wehrmacht, von den Wänden der Betriebsräume blickt nun streng der „Führer" und für die Geschäftsführung errichtet man auf dem Gelände zwei kleine Bunker, in denen sie Zuflucht bei Bombenangriffen nehmen können. Während sich einer dieser Bunker heute unter den Räumlichkeiten eines Tanzsportklubs versteckt, fällt der andere durch seine besondere Form dem Besucher beim Betreten des großen Hofs sofort auf.

Unmittelbar nach Kriegsende gibt es offenbar eine „Säuberung": Die auffälligsten Nazis müssen den Betrieb verlassen. Unter der umsichtigen Leitung von Franz Josef Mayer-Gunthof (1894–1977), dem späteren Präsidenten der Industriellenvereinigung, wird das Unternehmen erfolgreich weitergeführt, der Beschäftigtenstand der Vöslauer Kammgarnfabrik AG wächst wieder auf bis zu 4.000 Mitarbeiter. Wer hier einen Job bekommt, hat einen sicheren Arbeitsplatz, die sozialen Leistungen sind vorbildlich – sie reichen von einer Kinderbetreuungsstation bis zu medizinischen Einrichtungen. Zahlreiche Vöslauer Familien sind inzwischen seit Jahrzehnten mit dem Unter-

Das im Archiv erhaltene Fotoalbum der Geschäftsleitung dokumentiert den Arbeitsalltag im Unternehmen.

nehmen verwachsen, die Kinder folgen ihren Eltern auf den Arbeitsplätzen, das Leben wird von der „Kammgarn“ bestimmt.

Die „heile Welt“ der Kammgarnfabrik zerbricht zu Beginn der 1970er Jahre: Der weltweite Strukturwandel in der Textilindustrie macht auch vor den Textilunternehmen im Süden Wiens nicht Halt, die Absatzmärkte brechen ein. Die Regierung unter Bundeskanzler Bruno Kreisky entwickelt zwar 1975/76 ein ambitioniertes Rettungsprogramm, die „Textillösung Ost“, in deren Rahmen 1,2 Milliarden Schilling an Hilfen bereitgestellt werden – vergeblich: 1978 muss die Vöslauer Kammgarnfabrik Konkurs anmelden, nur die Färbereien können noch bis 1995/96 weitergeführt werden. Für die Bevölkerung Bad Vöslaus ist dies ein schwerer Schlag – gibt es doch kaum eine Familie, in der nicht ein Angehöriger in der Kammgarnfabrik gearbeitet hat.

Der überwiegende Teil des Fabrikareals wird 1983 vom Vöslauer Baumeister Manfred Koizar erworben, der die Gebäude als Lager-, Ordinations- und Büroräumlichkeiten vermietet. Manfred Koizars Söhne Manfred junior und Werner übernehmen 2002 die Anteile seiner Partner, das „Kammgarnzentrum“ in der Hanuschgasse 1 beherbergt inzwischen über 40 zufriedene Mieter.

↓

Hanuschgasse 1
2540 Bad Vöslau

MASCHINEN STEHEN FÜR IMMER STILL

Eine Welt wie in *Moderne Zeiten* von Charlie Chaplin, doch alles steht still. Riesige Motoren, Transmissionsriemen, Zahnräder und Maschinen ziehen uns in der großen Halle der Energiezentrale der ehemaligen Kammgarnfabrik in ihren Bann. Kein Technisches Museum könnte eine so eindringliche und visualisierte Aura herstellen – 1995/96 hat mit der Färberei der letzte Teilbetrieb des traditionsreichen Unternehmens geschlossen, doch wir haben das Gefühl, dass jeden Moment der Werkmeister um die Ecke biegen und auf den Knopf drücken könnte. Sieht man jedoch genauer hin, so merkt man, dass der unbarmherzige Zahn der Zeit auch hier am Werk ist …

. . . . .

DAS PERLMOOSER ZEMENT-TERMINAL IN KALTENLEUTGEBEN

Über die Vergangenheit Kaltenleutgebens, so muss Schmidl eingestehen, wisse er nichts zu sagen, er vermute nur, dass es die „reichhaltigen Kalkbrüche" gewesen seien, die einst „Veranlassung zu Ansiedlungen in diesem Thale" gegeben hätten, davon würden noch die „hellglühenden Kalköfen mit Gruppen geschäftiger Arbeiter" an den „grünen Ufern" der Dürren Liesing zeugen. Schmidl, der eifrige Heimatkundler, Topograf und Speläologe, dem wir das Wort „Höhlenkunde" verdanken, hat mit seiner Vermutung Recht: Es sind ladinische und friulanische Kalkbrenner, die auf Initiative Ferdinands I. nach der Ersten Türkenbelagerung das Tal der Dürren Liesing besiedeln. Ein Martin da Valantin soll der erste Kalkbrenner gewesen sein, der hier 1538 sesshaft wurde. Ein Privileg sichert den *wällschen Kalch Prennern* die alleinige Lieferbefugnis von Weißkalk für den Bau der neuen Wiener Befestigungen sowie die Befreiung vom Zehent zu – wichtige Voraussetzungen für das Überleben in dem engen Waldtal. Wandersmann Adolf Schmidl ahnt nicht, dass die Kalksteinbrüche später zur Grundlage einer Industrie werden, die das Kalkbrennen ablösen und ein Jahrhundert lang das Tal beherrschen und seinen Bewohnern Arbeit geben sollte: der Zementindustrie. Mittlerweile ist auch sie bereits Geschichte, wir aber folgen ihren letzten Spuren.

↓
Kaltenleutgebner Straße 141
2380 Perchtoldsdorf

← Mad-Max-Endzeitstimmung im Kaltenleutgebener Tal: das monströse Betongerippe des Perlmooser Zemententerminals.

↓ Nächste Doppelseite: Beindruckt noch immer – Blick in die ehemalige Baumwollspinnfabrik Schivizhoffen in Weigelsdorf.

↗ Grau war die alles dominierende Farbe in einer Welt aus Beton und Stahl, die doch dem Untergang geweiht war. Die großen Abbruchbagger hatten Schwerarbeit zu leisten.

→ Die riesigen Hallen des Perlmooser Zementwerkes wiesen beeindruckende Höhen auf.

TÜR

Das verlassene Kellertheater von Schloss Liechtenstein

Ein riesiges Kellergewölbe liegt seit vielen Jahren im Dornröschenschlaf und verwandelt sich allmählich in einen Lost Place des Wienerwaldes. Ein dunkles Reich, aus dem Leben und künstlerische Fantasie gewichen sind.

Bei schönem Wetter ist der in Maria Enzersdorf gelegene Wald am Hausberg ein beliebtes Gebiet für lange Spaziergänge. Es ist ein sehr intensiv besuchter Bereich des Wienerwaldes. Man schlendert über weite, freie Wiesenflächen, vorbei an der malerischen Burg Liechtenstein. Im Rahmen einer Führung bietet sich die Möglichkeit, dieser imposanten, im 19. Jahrhundert unter geschickter Einbeziehung mittelalterlicher Bauteile umfassend restaurierten Stammburg des alten Geschlechtes Liechtenstein einen Besuch abzustatten.

In unmittelbarer Nähe zur Burg befindet sich das heute als Seniorenzentrum genutzte Schloss Liechtenstein. Die Adresse ist nobel gewählt. Am Hausberg 1 in Maria Enzersdorf gelegen, bieten die hier angebotenen Appartments die „perfekte Wohnlösung für mobile Senioren", aber auch betreutes Wohnen ist hier möglich – eine schönere Umgebung kann man sich für seinen Lebensabend wohl kaum wünschen. Das Café-Restaurant Waldmeierei Liechtenstein, vielen Ausflüglern bestens bekannt, lädt zum Verweilen

ein. Vor allem in der warmen Jahreszeit ist das Sitzen vor dem schönen Schlossgebäude bei eine Tasse Kaffee ein besonderes Vergnügen.

Das Schloss wurde unter Fürst Johann I. von Liechtenstein 1820/21 erbaut, der es als Sommerresidenz nützte. Kern der Anlage war ein alter Gutshof, den die Türken 1683 zerstört hatten und der dann wieder aufgebaut worden war. Die Pläne für den klassizistischen Bau zeichneten Joseph Kornhäusel und Joseph Franz Engel, der mächtige Portalbereich der mehrflügeligen Anlage – im Dreiecksgiebel der von vier Säulen getragenen Attika prangt das steinerne Wappen der Fürsten Liechtenstein – erinnert wohl nicht zufällig an die Weilburg, die zur selben Zeit in Baden für Erzherzog Carl und seine Gattin errichtet wurde. Was man auf den ersten Blick nicht ahnen würde: Die desolaten Seitentrakte wurden 1961 abgetragen und 1977 bis 1989 mit Genehmigung des Bundesdenkmalamts originalgetreu wieder aufgebaut. Während der Ungarnkrise 1956 befand sich hier ein Auffanglager für Flüchtlinge, zuvor schon hatten die Sowjets dafür gesorgt, dass der bauliche Zustand sich allmählich verschlechtert hatte.

Der für uns spannende Teil dieser Liegenschaft befindet sich jedoch unter der Erde und ist original erhalten: ein riesiges Kellergewölbe, das seit vielen Jahren in einer Art Dornröschenschlaf liegt. Ganz genau befindet sich dieser gewaltige Raum unterhalb des Parkplatzes, an der Rückseite des Gebäudes. Dieser Ort verwandelt sich gerade in einen *Lost Place* des Wienerwaldes. Das Betreten dieses Gewölbes ist nicht mehr gestattet, es ist kein öffentlich zugänglicher Ort mehr und auch keine Stätte der kulturellen Begegnung, wie dies bis vor einigen Jahrzehnten noch der Fall war. Es ist ein dunkles Reich, aus dem Leben und künstlerische Fantasie gewichen sind. Ein Ort des stetigen Verfalls.

Ausgestattet mit einer Sondergenehmigung, ist es uns möglich, dieses alte Gewölbe zu betreten. Alle Bestandspläne der unterirdischen Anlage sind verschwunden. Wie uns berichtet wird, hat ein Wassereinbruch sämtliche Planunterlagen im Verwaltungsarchiv des Schlosses zerstört. Mit der Absicht, hier unten eine Vermessung durchzuführen, steigen wir über den Keller in das noch tiefer gelegene Gewölbe ab. Es ist kalt, kein Sonnenlicht dringt in das weitläufige unterirdische Reich. Im Licht unserer Helmlampen betreten wir eine Art Bühne. Wir durchschreiten über Treppen eine sich in ihrer Breite über den ganzen Hauptgang ausdehnende

Holzkonstruktion. Eine zersägte Bühne? Ein zersägter Zuschauerbereich? Das Holz ist durch die hohe Luftfeuchtigkeit bereits sehr morsch. Die Holzpodest-Konstruktion stürzt an vielen Stellen bereits ein.

Besonders eindrucksvoll ist das große, lange, aus roten Ziegelsteinen kunstvoll gemauerte Hauptgewölbe, das man in dieser Ausdehnung hier unten so nicht vermuten würde – auch bautechnisch eine großartige Leistung, die leider im Verborgenen bleiben muss! Der Zugang ist über den Keller des Hauses und über ein eigenes Stiegenhaus möglich, das zum Parkplatz an die Erdoberfläche führt; daneben sind noch Notausstiege erhalten, die über Schächte nach oben führen. Die Beleuchtung im Keller ist sehr dürftig. Die Raumluft ist während unserer Anwesenheit nicht unangenehm.

Wir vermuten, dass die Ursprünge dieses einstigen Wein- und Lagerkellers noch auf den alten Gutshof zurückgehen, der sich hier einst befunden hat; sicher ist, dass er im Laufe der Jahrhunderte sehr unterschiedlichen Zwecken diente. So wird er in den Jahren des Zweiten Weltkrieges als Luftschutzkeller genutzt. Eine Gruppe von Hitlerjungen hatte die Aufgabe erhalten, hier unten täglich nach dem Rechten zu sehen. Ihre spezielle Aufgabe: die Säuberung und Überwachung der bereitgestellten Aborte. Beim Ertönen der Luftschutzsirenen musste ja alles sehr schnell gehen, da mussten sich diese bereits in einem ordentlichen Zustand befinden. Sich dieser Verantwortung sehr bewusst, kümmerten sich die Burschen in den kurzen schwarzen Hosen und den braunen Hemden darum. Sie erfüllten ihre Aufgabe zu hundert Prozent.

In den 1980er und 1990er Jahren wurde das Gewölbe noch als Veranstaltungsort für Theateraufführungen und Konzerte genutzt. Heute ist hier alles anders. Es ist hier unten sehr still geworden. Das Publikum ist vor langer Zeit gegangen. An einer Stelle finden wir noch einen Hinweis über eine Veranstaltung: Der bekannte Geigenvirtuose Toni Stricker gibt am Mittwoch, den 27. August 1986, um 20 Uhr hier unten ein weiteres Konzert. Da das erste ausverkauft war, wird ein weiteres angeboten, der Preis der Eintrittskarte: 50 Schilling.

↓
Schloss Liechtenstein
Am Hausberg 2
2344 Maria Enzersdorf

← Faszinierendes unterirdisches Gewölbe: die Kellerwelt unter dem Parkplatz der Seniorenresidenz Schloss Liechtenstein.

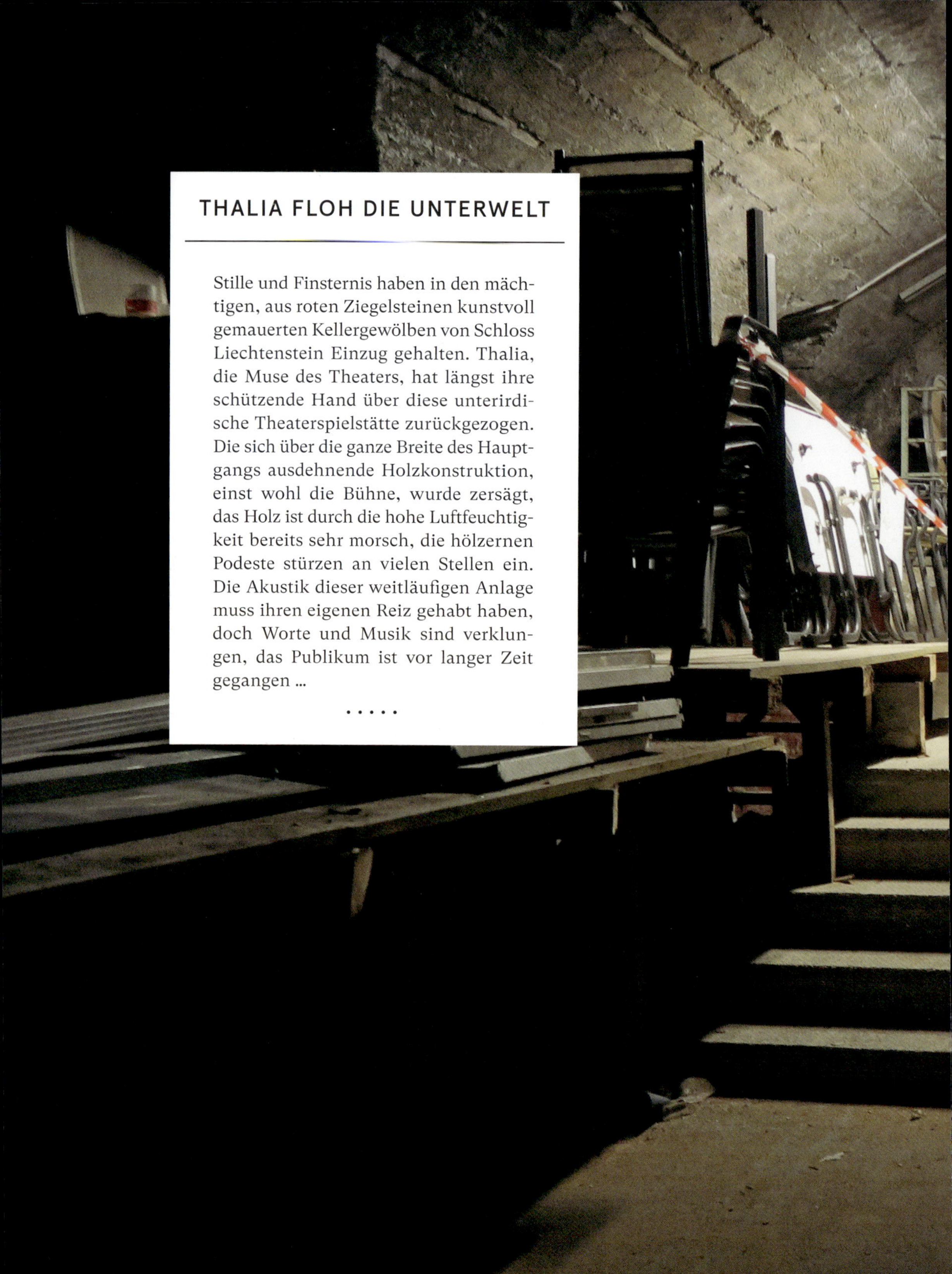

THALIA FLOH DIE UNTERWELT

Stille und Finsternis haben in den mächtigen, aus roten Ziegelsteinen kunstvoll gemauerten Kellergewölben von Schloss Liechtenstein Einzug gehalten. Thalia, die Muse des Theaters, hat längst ihre schützende Hand über diese unterirdische Theaterspielstätte zurückgezogen. Die sich über die ganze Breite des Hauptgangs ausdehnende Holzkonstruktion, einst wohl die Bühne, wurde zersägt, das Holz ist durch die hohe Luftfeuchtigkeit bereits sehr morsch, die hölzernen Podeste stürzen an vielen Stellen ein. Die Akustik dieser weitläufigen Anlage muss ihren eigenen Reiz gehabt haben, doch Worte und Musik sind verklungen, das Publikum ist vor langer Zeit gegangen …

• • • • •

DAS VERLASSENE KINO IN RINGELSDORF

Es war ein Ort der großen Leinwand-Emotionen – in Cinemascope, Technicolor und auf Breitwand: *Marschier oder krepier*, ein „Himmelfahrtskommando in Algerien" mit Stewart Granger und Dorian Gray, hielt die Besucher hier am 5. Juli 1964 in Atem, am Tag zuvor spielte man den „harten Farb-Western" *Die schwarzen Reiter von Dakota* und ein Woche früher den Orson-Welles-Klassiker *Der dritte Mann*, dazwischen den Kriegsfilm *Klar Schiff zum Gefecht* mit Lex Barker und Jeff Chandler. Am 30. Mai 1964 sorgten hier Christine Kaufmann und Hilde Krahl im Psycho-Krimi *90 Minuten nach Mitternacht* für Gänsehaut, und wer weniger Action wollte, konnte sich in diesem Sommer bei den *Traumstraßen der Welt I. und II. Teil* entspannen, das Programm bot für jeden etwas.

Seit nunmehr fast 40 Jahren ist das Kino geschlossen, das Gebäude, einst ein beliebter abendlicher Treffpunkt der Weinviertler Jugend, steht heute leer und befindet sich in Privatbesitz. Wir besuchten es gemeinsam mit dem Besitzer.

↓

Marktgemeinde Ringelsdorf-Niederabsdorf
2272 Ringelsdorf

Das ehemalige „Lichtspieltheater" von Ringelsdorf befindet sich in Privatbesitz und ist öffentlich nicht zugänglich.

↖ Eine unglaubliche Entdeckung: die noch mit Kohlestäben als Lichtquelle betriebenen originalen Projektoren im ehemaligen Kino von Ringelsdorf. Ein seltener Fund!

← Eine Huldigung an die Filmlegenden: der Traum von Hollywood im kleinen Dorfkino.

→ Eine atmosphärisch dichte „Zeitkapsel", wie sie im Weinviertel immer wieder anzutreffen sind: der Schüttkasten in Ringelsdorf. Getreide wird hier schon lange keines mehr gelagert – dafür sind Erinnerungen aus der bäuerlichen Welt von gestern versammelt: vom Pferdekummet bis zum Schlitten.

Reminiszenzen aus dem Esterházykeller

Die Taverne in den Tiefen der Erde war einst das weltliche Pendant zur sakralen Mystik der Kirchen und Kapellen. Alt-Wien, die Stadt des Weins, war auch eine Stadt der tiefen Keller, von denen nur noch wenige geblieben sind.

Auch wenn man es nicht für möglich hält, so sind die meisten Höhlen- oder Unterweltforscher sehr gerne an der Erdoberfläche und ganz besonders bei Sonnenschein im Freien. Und wenn man uns nachsagt, dass wir nur einen erfolgreichen und wunderschönen Urlaub hatten, wenn wir aus diesem blasser zurückkommen, als wir weggefahren sind, so können wir darüber nur lächeln. Tageslicht und ganz besonders die Wirkung der Sonne ist für uns Menschen eine Quelle des Wohlbefindens. Wir können es uns aussuchen, wie viel Zeit wir im lichtlosen Teil der Erde verbringen möchten. Es gibt Menschen, die verbringen wesentlich mehr Zeit fern der Sonnenstrahlen. Bergmänner, U-Bahn-Fahrer oder Gastronomieangestellte, die ihre Wirkungsstätte in einem Kellerlokal gefunden haben. Wien war und ist immer noch bekannt für seine Kellerlokale. Für die Wiener Gemütlichkeit unterhalb des Straßenniveaus. Es ziehen diese unter dem Gehsteig gelegenen Gaststätten nicht nur die Wiener, sondern

ganz besonders die Touristen an. Es zieht sie förmlich hinunter in den Keller der Gastfreundschaft, in ein Ambiente, das man in seiner eigenen Heimat gar nicht kennt! Zu einer der wohl berühmtesten Kellerlokalitäten zählte der Esterházykeller am Haarhof. Hier werden gerne Schnitzel und Schweinsbraten mit Kraut und Knödeln verzehrt. Das lieben die Besucher von Wien!

Auch wir nehmen die steilen Treppen und steigen ab, um in die unterirdische Gemütlichkeit einzutauchen. Wir sind sehr zeitig dran. Ja, eigentlich noch vor dem Öffnen des Lokals. Am Morgen ist es hier ruhig. Keiner verirrt sich am Morgen in ein Kellerlokal. Das ist genau der richtige Zeitpunkt, um mit einer Dame zu sprechen, die hier unten arbeitet. Sie begrüßt uns und strahlt in ihrem Dirndl eine Freundlichkeit aus, dass es uns mitreißt! Die aus dem Burgenland stammende Frau Angela Nimführ arbeitet seit 52 Jahren im Untergrund! Seit 52 Jahren! Wir können es noch gar nicht glauben! Sie kennt diesen Keller, der früher von vielen Stammgästen besucht wurde. Doch die Generationen ändern sich, meint sie. Die Herrschaften, die gerne im Keller gesessen sind, sterben alle und die Jungen zieht hier scheinbar nichts mehr hinunter. Doch die Touristen – die Touristen kommen sehr gerne! „In den Jahren 1968 bis 1970, als wir in der Hochblüte des Lokals von 10 Uhr bis 13 Uhr und von 16 bis 21 Uhr unsere fixen Öffnungszeiten hatten, standen die Leute in Schlangen vor dem Kellereingang. Die halbe Naglergasse war von Menschen blockiert, weil sie alle um 16 Uhr hinunterwollten. Es war um die Sitzplätze hier unten ein wirkliches ‚Griss'!"

In der langen Zeit, welche Frau Nimführ hier unten verbracht hat, haben sich mit den vielen Menschen immer wieder Ereignisse zugetragen. Eines Abends, als Angela Nimführ nach dem letzten Gast ihre Runden drehte und das Lokal noch sauber machte, entdeckte die damals noch sehr junge Frau in der Pissoirmuschel des Männer-WCs ein künstliches Gebiss. Beherzt holt sie sich eine Serviette aus der Schank und nimmt die Zahnprothese aus dem Urinal heraus. Sie legt die verloren gegangenen Zähne am äußersten Ende der Schank ab in der Hoffnung, dass der unter dem Verlust leidende Zahnträger sich seine Beißerchen holen würde. Siehe da, am nächsten Tag betritt ein älterer Mann das Lokal und fragt nach, ob man vielleicht hier

→ Nach 52 Jahren im Untergrund weiß Frau Angela Nimführ viel zu erzählen!

→ Abstieg in die Katakomben des Weins: Unter dem Kellerlokal befinden sich noch zwei weitere Keller.

seine Zähne gefunden habe. Frau Nimführ nickt und zeigt auf die Stelle, wo die Zähne liegen. Mit einem glücklichen Lächeln streckt der Suchende die Hand nach seinen verloren geglaubten Schneide- und Mahlzähne aus und steckt diese blitzschnell, und ohne dass Frau Nimführ noch etwas sagen kann, in seinen geöffneten Mund! Das werde sie, so versichert sie uns, nie vergessen!

Eines Tages kommt sie am Morgen in das Lokal und entdeckt, dass auf dem Boden im Lokal ein sehr großes Loch zu sehen ist. Es war ein riesiges Glück, dass dieser Vorfall in der Nacht geschehen ist. Es befinden sich ja unter unserem Kellerlokal noch zwei weitere Keller, meint Frau Angela Nimführ. „Das war ein unglaubliches Glück, dass hier keine Person zu Schaden gekommen ist. Es musste danach alles abgestützt werden und wurde danach alles überprüft und nun ist alles wieder in Ordnung. Einmal komme ich in der Früh in das Lokal und sehe, dass die Feuerwehr bei uns ist. Ein Hydrant war defekt und das Wasser ergoss sich in den Keller hinein. Der Keller war voller Wasser und die Holzkisten schwammen herum! Die Feuerwehr pumpte das Wasser ab!“

Ja, wer sein ganzes Leben in einem Kellerlokal arbeitet, der hat viel zu erzählen.

↓

Haarhof 1
1010 Wien

Nächste U-Bahn-Station ist
die Station Herrengasse der U 3,
vom Stephansplatz (U 1) sind es zu Fuß
etwa drei Minuten.

LEGENDÄRE „WEINCASEMATTE“

Aus dem Alt-Wiener Kosmos des Vergnügens waren die Weinkeller nicht wegzudenken. Noch zu Beginn des 19. Jahrhunderts zählte man allein im Bereich der Inneren Stadt mehr als 60, das Spektrum reichte dabei von der verrufenen Spelunke bis zum eleganten Kellerlokal. Tief unter den Straßen und Plätzen der Stadt, im flackernden Dämmerlicht der Unschlichtkerzen, eingehüllt in Weindunst und Rauchschwaden, suchte man Vergessen vom Unbill des Alltags. „Weincasematten“ nannte der Wien-Chronist Friedrich Schlögl einst diese „Tempelfilialen“ des Bacchus – zu den traditionsreichsten zählt der Esterházykeller. Seine Wurzeln sollen bis ins Türkenjahr 1683 zurückreichen.

• • • • •

DER VERGESSENE WEINKELLER IN DER MAYSEDERGASSE

Neunmal windet sich Styx, so der Mythos der Griechen, um das Reich der Toten. Zu seinen Nebenflüssen zählt Lethe, der Fluss des Vergessens. Gerhard Roth hat in seinen *Archiven des Schweigens* dieses Bild auf Wien übertragen: „Der Fluss des Vergessens ist in Wien der Wein, und die Krypten des Weins sind die tiefen Weinkeller und ihre (vorläufigen) Särge die Weinfässer." Zu diesen „Katakomben des Weins" zählt auch der vergessene Keller in der Maysedergasse, einer der tiefsten Keller von Wien.

Er befindet sich drei Etagen unterhalb des Straßenniveaus im Bereich des ehemaligen Bürgerspital-Zinshauses. In den 1920er-Jahren befand sich unter dieser Adresse ein stadtbekanntes Caféhaus, das von seiner Nachbarschaft zu den allerbesten Hotels von Wien profitierte.

↓

Maysedergasse 2
1010 Wien

↖ Eine unterirdische „Zeitkapsel": der vergessene Lagerraum.

← Man erahnt förmlich noch den Kellermeister, der hier unten seine Weinflaschen begutachtet!

→ Verborgen im Keller des Kellers: verrostete Teile des stillgelegten Lastenaufzuges – die schwere Eisenkette verschwindet in der Mauer.

Der große Brunnen des Kaiserbründl-Bades

Orientalisch-maurische Stilelemente empfingen im Fin de Siècle die illustren Gäste des „Centralbades", es kamen der Schah und „Luzivuzi", der Bruder des Kaisers. In seinen Tiefen verbirgt sich ein gigantischer Brunnen.

Naser ad-Din, der Schah von Persien, kam gegen 11 Uhr. Zuvor hatte er noch in aller Eile dem Burgtheater und dem eben eröffneten Naturhistorischen Museum Kurzbesuche abgestattet, jetzt wollte er sich dem Badevergnügen widmen. Leiter und Eigentümer des vor wenigen Monaten neu eröffneten Centralbades in der Weihburggasse 18–20, die Herren Dr. Ritscher, Josef Honus und Anton Lang, begrüßten den hohen Gast. Sie hatten an diesem Vormittag des 25. August 1889 dafür gesorgt, dass es ihm an nichts fehlte. Das gesamte Bad war von Obersthofmeister Prinz Hohenlohe für Naser ad-Din gemietet worden, im Vorsaal des Dampfbades hatte man einen eigenen Ankleideraum für ihn eingerichtet, ausgestattet mit einem persischen Ruhebett und Blumenschmuck. Orientalischer Wohlgeruch erfüllte die Luft, kostbare Teppiche geleiteten den Weg zum Dampfbad, in dem die eifrigen Kämmerer des Herrschers am Pfauenthron bereits zwei Tage zuvor ein „Probebad" genommen hatten.

Der 68-jährige Schah ließ sich „rasiren und frottiren“ und zog es dann überraschend vor, ein Wannenbad zu nehmen. Jetzt gab es das erste kleine Malheur: Das Wasser war ihm zu kalt, Naser ad-Din weigerte sich, in die Wanne zu steigen, das Wasser musste erwärmt werden. Als er dann endlich in der Wanne saß, war es ihm wieder zu warm – er verlangte „wiederholt“ nach Eiswasser. Bereits zuvor hatte sein Günstling, der jugendliche Aziz Sultan, in den Wannen geplanscht und in der Dampfkammer die *Douche* ausprobiert, „von wo er jedesmal mit einem Schrei zurückwich, so oft die Wasserstrahlen ihn trafen. Schließlich wollte er sich kopfüber in das kalte Bassin stürzen, was ihm aber verwehrt wurde“, wie die *Neue Freie Presse* bestens informiert berichtet.

Trotz der kleinen Panne mit der Wassertemperatur schien Naser ad-Din zufrieden: „Très-agréable! Ces bains sont bons“, sagte er zu den Herren, die im Foyer auf ihn gewartet hatten, und machte mit ihnen noch einen Rundgang durchs Gebäude. Dann ließ er sich trotz sommerlicher Temperaturen einen mit Iltisfell gefütterten Mantel umlegen und fuhr mit seiner Entourage wieder von dannen, als nächstes stand ein *Dejeuner* in der Hofburg auf dem Programm.

Die zahlreiche Menge, die vor dem Haus auf die Abfahrt des Schahs gewartet hatte, drang nun ins Bad, um „die Räume, wo der Schah gebadet hatte, zu besichtigen“. Für viele war es das erste Mal, dass sie Gelegenheit hatten, die neue luxuriöse Wellness-Landschaft im Herzen der Innenstadt zu sehen. Das von Albert Constantin Swoboda im orientalisch-maurischen Stil eingerichtete Institut versammelte alle Errungenschaften der modernen Badekultur: Es gab Dampf-, Schwefel- und Moorbäder, Frigidarien und Calarien; Simon Baruch, Pionier der Hydrotherapie, nannte das Centralbad *the most substantial, elegant and complete bath in the world*. Bald wiesen auch die Wien-Reiseführer auf die neue Attraktion hin, ein Besuch in den Hallen des Centralbades gehörte zum guten Ton. 1894 wurde zwar auch ein Damen-Dampfbad eingerichtet, das Etablissement geriet aber zunehmend in den Ruf, ein Bad für Männer zu sein, die die Gesellschaft ihres Geschlechts besonders schätzten. Das lockte auch Gäste wie Erzherzog Ludwig Viktor, den jüngsten Bruder des Kaisers, an, der nicht nur ein passionierter Schwimmer

↓ Blick in den enorm großen und tiefen Brunnenschacht.

→ Eine Wiener Attraktion des Fin de Siècle: das Männerbassin im Centralbad.

war, sondern offenbar auch eine Schwäche für schöne junge Männer hatte. Wohl um 1904 kam es zu einem Skandal, als sich „Luzivuzi", der in Begleitung seines Adjutanten zweimal wöchentlich zum Baden in die Weihburggasse kam, bei einem wenig sensiblen Annäherungsversuch eine Ohrfeige abholte.

Das Bad überlebte zwei Weltkriege, bis in die 1970er Jahre wurde es mit getrennten Abteilungen für Frauen und Männer geführt, dann übernahmen neue Pächter das Fin-de-Siècle-Institut und renovierten es, wobei man, unterstützt von der Stadt Wien, auf Aspekte des Denkmalschutzes durchaus Rücksicht nahm. Mit der Neueröffnung wurde der Badebetrieb für Frauen eingestellt, man entschloss sich, das Haus unter dem neuen Namen „Kaiserbründl" als deklarierte „Herrensauna" weiterzuführen – seitdem befindet sich hier in der Weihburggasse die Bade- und Saunazone für den Mann. Und nur für den Mann. Das Kaiserbründl ist der Inbegriff für maskuline Badekultur in Wien.

Eine Gruppe von engagierten Aktivisten schloss sich zur *Societas Conspiranti Heliogabali* zusammen und setzte sich neue Ziele: Das Kaiserbründl soll in den unterirdischen Sonnentempel des syrischen Hemesa verwandelt werden, um „nach einer Unterbrechung von 1777 Jahren die Divinatio Heliogabali zu vollenden". Kaiser Heliogabalus war berühmt für rauschende Orgien, die zu Ehren von Gott Eleagabal veranstaltet wurden. Wer die neuen Wand- und Deckenmalereien des Malers und Bühnenbildners Stefan Riedl in den Räumen des Bades gesehen hat, wird die Stimmungslage verstehen, von der die *Societas* sich inspiriert sieht.

DER GROSSE BRUNNEN

Nur wenige Menschen jedoch hatten jemals das Glück, in das unterste, in einem Dornröschenschlaf verharrende Stockwerk zu gelangen. Warum auch – es ist bis heute nicht fertiggestellt. Auch wenn die Malereien bereits gediegen sind und die Atmosphäre, die uns hier einmal erwarten wird, bereits „erfühlbar" ist, so wird dieser Ort derzeit noch vor neugierigen Blicken geschützt. Er ist noch nicht fertiggestellt, dennoch eindrucksvoll: Nackte Männer, so wie Gott sie geschaffen hat. Posen in eindeutiger Stellung, Jünglinge, die nicht mit ihren wohlgeformten Leibern geizen. Der Besucher ist im ersten Moment erschlagen von der Vielfalt der Darstellungen.

Von Monat zu Monat nehmen die Räume immer mehr Gestalt an und werden möglicherweise schon bald die Gäste erfreuen. Wer in die Keller in diesem Haus absteigt, durchwandert eine Vielzahl bunter Räumlichkeiten, die die Phantasie anregen. Der orientalische bzw. römische Stil, dem hier so opulent gehuldigt wird, beeindruckt jeden Besucher. Je tiefer wir kommen, desto spannender wird der Gang durch das Badehaus der Lust. Auf der tiefsten Ebene angekommen, merken wir, dass hier noch nicht alles fertig gestaltet ist. Und dann wartet da auf uns noch eine Überraschung – ein gigantischer Brunnen, in seiner Größe wohl einzigartig für Wien. Wir haben noch nie einen solch großen Brunnen mitten in der Stadt gesehen!

Der Durchmesser des Schachts beträgt stolze vier Meter, in etwa sechs Metern Tiefe erblicken wir kristallklares Wasser – einer jener großartigen Brunnen, für die Wien schon im Mittelalter berühmt war. Über diese Brunnen erzählte man sich Gutes und Böses, sie boten das lebensnotwendige kostbare Nass und ihre dunkle Tiefe regte die Fantasie zu wilden Spekulationen an: Sie seien bewohnt von giftspeienden Tieren wie dem legendären Basilisken im Brunnen des Hauses Schönlaterngasse 7. Auf geheimnisvolle Weise, so glaubte man, seien sie verbunden mit der Welt der Unterirdischen, für die sie den Ausgang zum Licht der Oberwelt darstellten. Wer daher zu viel in den Brunnen blicke, laufe Gefahr, von den Brunnengeistern hinabgezogen zu werden in eine finstere Anderswelt. Wir erinnern uns an diese alte Mär, können jedoch der Versuchung nicht widerstehen und starren lange in den riesigen Schacht. Wieder einmal drängen sich zahlreiche Fragen auf: Wer hat wann dieses Brunnenmonster angelegt? Welche Rätsel gilt es in Verbindung mit ihm noch zu lösen? Fragen, die uns weiter beschäftigen werden …

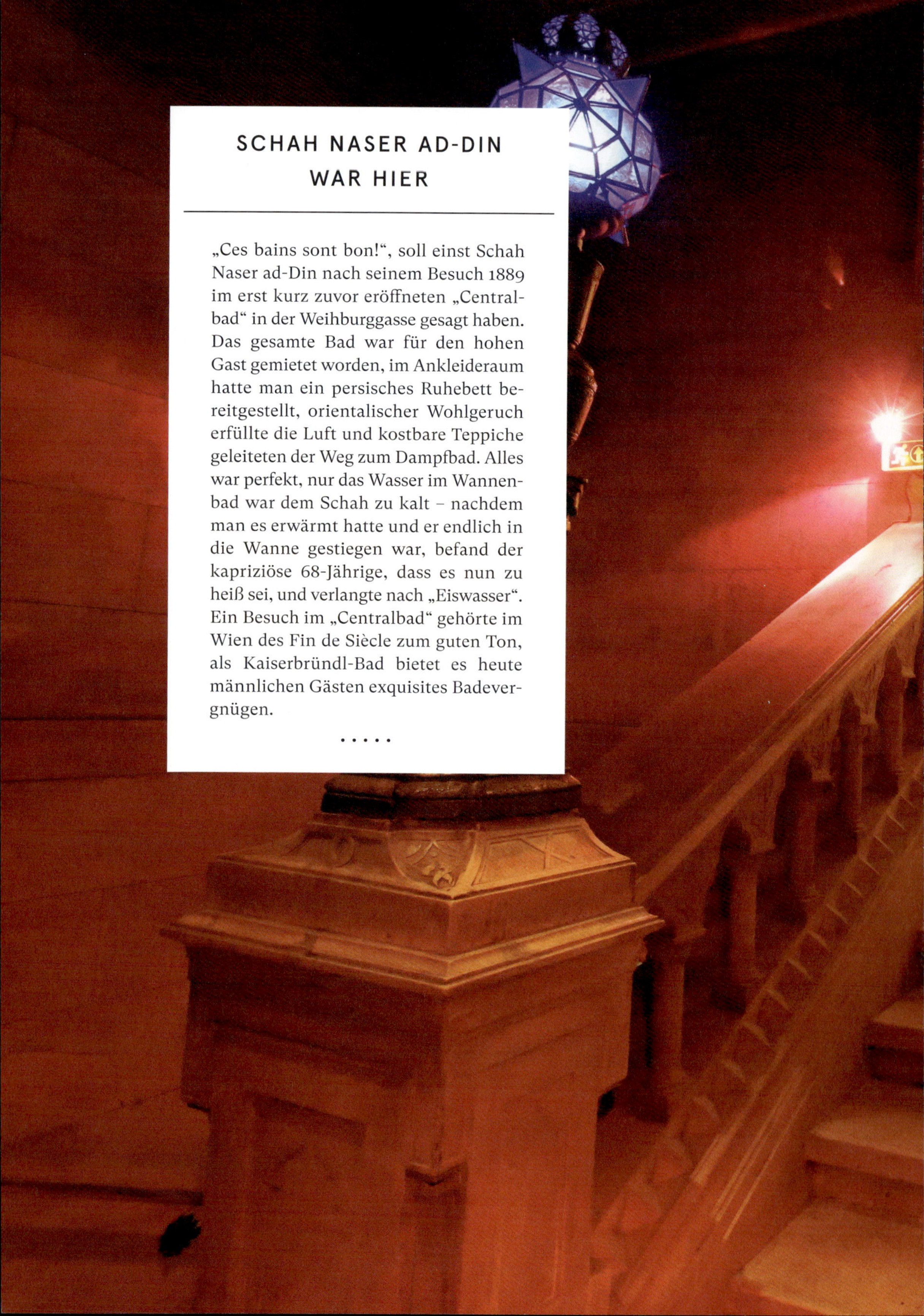

SCHAH NASER AD-DIN WAR HIER

„Ces bains sont bon!“, soll einst Schah Naser ad-Din nach seinem Besuch 1889 im erst kurz zuvor eröffneten „Centralbad“ in der Weihburggasse gesagt haben. Das gesamte Bad war für den hohen Gast gemietet worden, im Ankleideraum hatte man ein persisches Ruhebett bereitgestellt, orientalischer Wohlgeruch erfüllte die Luft und kostbare Teppiche geleiteten der Weg zum Dampfbad. Alles war perfekt, nur das Wasser im Wannenbad war dem Schah zu kalt – nachdem man es erwärmt hatte und er endlich in die Wanne gestiegen war, befand der kapriziöse 68-Jährige, dass es nun zu heiß sei, und verlangte nach „Eiswasser“. Ein Besuch im „Centralbad“ gehörte im Wien des Fin de Siècle zum guten Ton, als Kaiserbründl-Bad bietet es heute männlichen Gästen exquisites Badevergnügen.

• • • • •

RUINEN UND RELIKTE

Aus der Kaserne hinter dem großen Tor

Die neue Reiterkaserne in Breitensee war der Stolz der k. k. Armee. US-Ex-Präsident Theodore Roosevelt ließ sich einen Besuch des Instituts nicht nehmen. Die Pferde sind verschwunden, ein stimmungsvoller Gebetsraum überlebte im Verborgenen.

Wer heute von der Breitenseer Straße kommend den Wachtposten passiert und das Gelände der Vega-Payer-Weyprecht-Kaserne betritt, kann sich kaum des Gefühls erwehren, in eine andere Welt, vielleicht auch in eine andere Zeit geraten zu sein. Irgendwie spürt man, dass die Gegenwart und das weitläufige Gelände mit seinen zahlreichen Bauten nicht ganz zusamenpassen. Ja, man weiß, hier hat das Bundesheer seine Heereslogistikschule eingerichtet, in der Stille des sonnig-heiteren Nachmittags strahlt die Anlage jedoch einen seltsamen Glanz aus, nicht Nüchternheit und Präzision des modernen Militärbetriebs sind zu spüren, sondern das Flair der alten k. k. Armee. Mit Stolz konnte man einst behaupten: In der Wiener Vorstadt in Breitensee steht die europaweit modernste Reiterkaserne, die Kaiser-Franz-Josephs-Kavalleriekaserne. Das Wiehern der Pferde, das laute Hufgetrappel und die knappen Kommandorufe der schneidigen Reiteroffiziere sind längst verklungen, verweht der strenge Geruch

nach Pferden, der über den Höfen und Ställen gelegen haben mag, dennoch: Man würde kaum überrascht sein, plötzlich einen Trupp Ulanen oder Husaren einrücken zu sehen, so eng scheint dieser Ort mit seiner ursprünglichen Funktion noch immer verbunden.

Bis in die erste Hälfte des 18. Jahrhunderts gab es in Wien keine Kasernenbauten, erst mit den Heeresreformen unter Maria Theresia, geprägt vom Nützlichkeitsdenken der Aufklärung, hielten die Militärs Einzug in den Vorstädten und schufen sich hier Welten nach ihrer Fasson. Die „große" Breitenseer Kaserne, zu der ja einst auch der Teil auf der anderen Seite der Breitenseer Straße, die spätere Biedermann-Huth-Raschke-Kaserne, gehörte, entstand im Zuge der sogenannten „Wiener Kasernentransaktion", mit der die alten Kasernen in unmittelbarer Nähe der Innenstadt weiter an den Rand der rasch wachsenden Metropole verlegt wurden. So ersetzte die Kaiser-Franz-Josephs-Kavalleriekaserne die alte Kaserne in der Josefstadt, mit ihrem Bau wurde 1901 begonnen, anlässlich ihrer Fertigstellung resümierte die Zeitschrift *Der Bautechniker* trocken: „Die äussere Architektur dieser Bauten zeigt meist die sogenannte ‚Moderne', jedoch in mässiger Behandlung."

1904 konnten die ersten Truppenkörper, das Husarenregiment „Arthur Herzog von Connaught und Stratheam" Nr. 4, kurz auch „Viererhusaren" genannt, und ein „Ersatzdepotkader" des Dragonerregiments „Friedrich August, König von Sachsen" Nr. 3, kurz „Dreierdragoner", hier Garnison beziehen. Auf die Reitersoldaten des Kaisers wartete ein sorgfältig durchdachtes, großzügig angelegtes Ensemble: Neben acht offenen Reitschulen und drei gedeckten Reithallen gab es hier Stallungen, Hufschmieden, Sattelkammern, Werkstätten, Wagenremisen und die Mannschaftswohngebäude. Sogar an Separees für die kostbarsten Vierbeiner des Regiments hatte man gedacht: Für die Pferde der Offiziere standen eigene Stallräume zur Verfügung und Privilegien gab's auch für die Offiziere selbst: Für sie errichtete man eine Wohnanlage in der Maroltingergasse, auch das obligate Offizierskasino fand hier Platz.

Im großen Torgebäude, in dem bis heute die Wache untergebracht ist, wurde eine Kapelle als Betraum eingerichtet. Ihr gilt unser Besuch, ist sie doch ein wundervolles Kleinod, das in den letzten

← Charakteristisch sind die zarten Farbtöne: Detail des Betraums.

Jahren nur von wenigen Menschen gesehen wurde! Eines gleich vorweg: Dieser Bereich ist nicht öffentlich zugänglich und ein Besuch aus diesem Grund auch nicht möglich. Aufgrund der großen Wertschätzung, die man hier unseren Forschungsarbeiten entgegenbringt, wird es uns jedoch mit einer ausdrücklichen Sondergenehmigung gestattet, diesen Ort zu betreten.

Über eine quadratische Tür steigen wir in den Dachbereich des Torgebäudes ein. Wir versinken gleich tief in der Glaswolle, die hier zur Wärmedämmung über den ganzen Boden des Raumes eingearbeitet wurde. Durch ein großes Fenster, von dem aus man direkt auf den Appellplatz der Kaserne blicken kann, dringt Licht herein. Nur zögernd und ganz langsam bewegen wir uns in diesem unglaublich stimmungsvollen Raum vorwärts – Mystik pur! Die Glaswolle hat es in sich! Wir wollen so wenig wie möglich Staub aufwirbeln, da das Einatmen der Glaswollefasern alles andere als gesundheitsfördernd ist.

Faszinierend ist der vergessene Betraum der k.k. Armee allemal – Christa Veigl nennt ihn in ihrer Studie über die Breitenseer Kaserne „einen interessanten Beitrag zu den Erneuerungsbestrebungen religiöser Kunst um 1900“, auf den Schöpfer der künstlerischen Ausgestaltung gibt es jedoch keinen Hinweis. An den Wänden befinden sich die Skulpturen mehrerer Mädchengestalten, die einen Nonnenschleier tragen. Sie halten die Hände zum Beten gefaltet, ihr Blick ist andächtig nach unten gerichtet – für die hartgesottenen Husaren, Dragoner und Ulanen muss das fürwahr ein erhebender Anblick gewesen sein! Die betenden Mädchen, aber auch die mit Blumen verzierten Bögen sind in einem zarten Farbton bemalt worden. Alles hier erinnert uns ein wenig an feinsten Zuckerguss oder auch an Windbäckerei, wie sie auf dem Christbaum Verwendung findet. Die wundervollen Wandverzierungen weisen schon einige Blessuren auf. Abseits jeglicher öffentlicher Wahrnehmung wird die Stille dieses eigenartigen Raumes vermutlich die nächste Zeit über nicht mehr gestört werden. In der Kaserne ist er zumindest vor Vandalismus bestens geschützt.

MR. ROOSEVELT KOMMT NACH BREITENSEE

Der neue Kasernenbau in Breitensee stieß auch international auf großes Interesse. So traf hier am 15. April 1910 der amerikanische Ex-Präsident Theodore Roosevelt zu einem Besuch ein, der ehemalige *Colonel* der legendären *Rough Riders* hatte sich während seines Wien-Aufenthalts diese Exkursion in die k.k. Kasernenwelt speziell gewünscht. Nach einem Besuch bei Kaiser Franz Joseph in der Hofburg und einem Abstecher in die Spanische Hofreitschule ließ sich der Ex-Präsident im kaiserlichen Automobil hinaus in den Vorort kutschieren, auch für den Reporter der *Neuen Freien Presse* ein Ausflug in die Fremde: „Die Kaserne liegt ganz am Ende der Breitenseerstraße. Bis hieher ist's eine ganze Reise: durch die Westbahnstraße in die endlose Märzstraße, dann am grünen Plan der Schmelz vorbei, an deren Rand die letzten Wienerwaldhügel und die letzten Großstadthäuser mit einander zu ringen scheinen. Bei jeder Biegung meint man, nun höre die Welt endgültig auf, doch es fängt immer wieder eine andere an. Und zwar eine altmodische, halb vorstädtische, halb ländliche und dazwischen wächst die heutige Zeit hervor.“

Zum Zeitpunkt des Roosevelt-Besuches ist in der Kaserne das ruhmreiche Husarenregiment Nr. 1 „Kaiser Franz Joseph“ stationiert, kurz auch „Kaiserhusaren“ genannt, die 1908 die „Viererhusaren“ abgelöst haben. Regimentschef Oberst Artur Ritter Peteani von Steinberg begrüßt den US-Zivilisten, der Zylinder trägt, mit „Herr Oberst!“, 106 Husaren, die 5. Eskadron unter dem Befehl von Rittmeister Eugen von Bogyay, sind zu Ehren des Gastes in entwickelter Linie und Marschadjustierung angetreten. Roosevelt, so berichtet die *Neue Freie Presse*, zeigt sich sachkundig und sehr interessiert, er scheut sich auch nicht, die seiner Ansicht nach zu schweren Kavalleriestiefel der Österreicher zu kritisieren, verfolgt dann aber mit Wohlgefallen deren Vorführungen: „Zuerst in Marschkolonne und daraus die Formierung in Linie zur Attacke. Im Schein der untergehenden Sonne ist das ein wunderschöner Anblick. Es ist aber auch eine tadellos exakte militärische Vorführung, um so mehr, als der Raum begrenzt ist. Als dann die Eskadron unter Hurra-Rufen zum Angriff vorgeht und knapp vor Roosevelt wie eine Mauer still steht, strahlt sein rotes, lebhaftes Gesicht. Er lacht und klatscht Beifall. Es ist ihm deutlich anzumerken, dass der Anblick seinem Reitergemüt Freude macht."

Mr. Roosevelt lässt es sich auch nicht nehmen, die Ställe zu inspizieren, selbst Sattelkammer und Hufschmiede werden besucht, alle Details gründlich von ihm studiert; in der gedeckten Reitschule demonstrieren die Husaren ihre Reitkünste, kritisch kommentiert vom Gast aus Übersee.

Oberst Peteani lädt Roosevelt abschließend zu einem Essen im Speisesaal der Offiziersmesse und bringt in Deutsch und Französisch einen Trinkspruch auf den „Helden seines Volkes" aus, dieser revanchiert sich „mit einigen herzlichen Worten" und steigt mit seiner Begleitung wieder in das kaiserliche Automobil, „man salutiert und lüftet Zylinder", dann ist der „interessante bürgerlich-militärische Nachmittag" zu Ende, in der Kaserne in Breitensee kehrt wieder der Alltag ein, der etwas mehr als ein Jahr später eine dramatische Unterbrechung erfährt: Am 17. September 1911 kommt es zur „Teuerungsrevolte", die Kaiserhusaren sind unter

↓ Für die hartgesottenen Husaren, Dragoner und Ulanen fürwahr ein erhebender Anblick: die betenden Mädchen.

→ Ein neugierig-kritischer Gast: Ex-Präsident und „Rough Rider" Theodore Roosevelt bei seinem Besuch in Breitensee.

jenen Assistenztruppen, die gegen die demonstrierende Wiener Bevölkerung eingesetzt werden – und die feschen Reiter, die den Namen des Kaisers tragen, zögern nicht, gegen die unbewaffnete Menge entlang der Ringstraße und im Rathausviertel Attacke zu reiten. Zahlreiche Tote und Verletzte sind zu beklagen, ein blutiges Kapitel, das nur allzu gern verdrängt und vergessen wird.

AUS DER KASERNE IN KRIEG UND BÜRGERKRIEG

Drei Jahre später ist es mit dem Friedensbetrieb vorbei: Die Kaiserhusaren müssen nach Galizien in den Krieg gegen die Armee des Zaren ziehen, der Blutzoll im Herbst 1914 ist hoch. Mitte April 1915 rückt dann in Breitensee ein recht eigenwilliger junger Mann als „Einjährig-Freiwilliger“ ein, sein Vater hat ihm ein Pferd gekauft, einen Apfelschimmel, den er „Glückskind“ nennt. Heimito von Doderer, so heißt der junge Reitersmann, erlebt hier in Breitensee seine Rekrutenausbildung und nützt die freie Zeit zu Ausritten: hinaus zum Hütteldorfer Brauhaus oder zu „Dolls Weinhaus“ in Ober St. Veit. Im Juni 1916 geht es dann aber auch für ihn und „Glückskind“ an die Front im Osten – und wenig später in die Kriegsgefangenschaft in Sibirien.

Nach dem Zusammenbruch der Monarchie quartierten sich die Bataillone XI, XXVII und XXVIII der Volkswehr, gebildet aus der Ersatzschwadron des Dragonerregiments Nr. 3, in der Kaserne ein, nach der Auflösung der Volkswehr 1920 zog das Bundesheer der jungen Republik mit der Dragonerschwadron Nr. 2, der Telegraphenkompanie Nr. 2 und der Brigade-Artillerieabteilung Nr. 2 auf dem Gelände der k.k. Reitersoldaten ein. Die große Reitwiese ging dem Militär allerdings verloren – hier errichtete man nun 1930 bis 1932 zwei Gemeindebauten (Breitenseer Straße 110–112 bzw. 106–108), eine Konstellation, die in den Tagen des Bürgerkrieges im Februar 1934 ihre dramatische Zuspitzung fand: Angehörige des Republikanischen Schutzbundes eröffneten am 13. Februar aus dem Gemeindebau das Feuer und versuchten zur Kaserne vorzustoßen, die von der Telegraphenkompanie und den Artilleristen „verteidigt“ wurde, die Dragonerschwadron Nr. 2 war in die Innenstadt abkommandiert, um die Regierungsgebäude zu sichern. Die Soldaten in der Kaserne brachten Maschinengewehre in Stellung und hielten damit die „Schutzbündler“ in Schach, Polizeikräften und der Heimwehr blieb es überlassen, die „Roten“ im Gemeindebau endgültig „auszuschalten“, zahlreiche Männer wurden verhaftet.

Nach dem „Anschluss“ 1938 okkupierte die deutsche Wehrmacht die Kaserne und nützte sie während des Zweiten Weltkrieges vor allem für Ersatz- und Ausbildungstruppenteile der Nachrichtentruppen. Aus dem Artillerieregiment Nr. 2 des Bundesheeres wurde das Artillerieregiment 109 gebildet, das mit der 44. Infanteriedivision, der „Reichsgrenadierdivision Hoch- und Deutschmeister“ auf die Schlachtfelder Europas ziehen musste. Nach Kriegsende fiel Breitensee in die französische Besatzungszone, die Kaserne wurde zum Stützpunkt des 4. Regiments *Spahis Marocains*, das ursprünglich eine berittene Kolonialtruppe gewesen war. Die *cavaliers de l'armée d'Afrique* bleiben bis 1955, dann zieht nach und nach wieder das Bundesheer ein.

1967 kommt es zur Teilung der Kasernenanlage: Der Teil auf der Westseite der Breitenseer Straße wird im Gedenken an die bedeutenden österreichischen Polarforscher zur Vega-Payer-Weyprecht-Kaserne, der Teil östlich der Straße, die „Kleine Breitenseer Kaserne“, erhält in Erinnerung an die knapp vor Kriegsende von den Nazis am Floridsdorfer Spitz ermordeten Widerstandskämpfer den Namen Biedermann-Huth-Raschke-Kaserne – sie ist bereits Geschichte: 2013 wird das Areal vom Verteidigungsministerium verkauft, Eigentumswohnungen und eine Schule sollen hier entstehen.

VERGESSENER BETRAUM DER K. K. ARMEE

Es war einst die europaweit modernste Reiterkaserne: die 1904 eröffnete Kaiser-Franz-Josephs-Kavalleriekaserne in Breitensee, heute bekannt als Vega-Payer-Weyprecht-Kaserne. Acht offene Reitschulen und drei gedeckte Reithallen gab es hier, daneben Stallungen, Hufschmieden, Sattelkammern, Wagenremisen, Mannschaftswohngebäude – und eine Kapelle. Versteckt im Dachbereich des Torgebäudes, ist der von einem unbekannten Künstler gestaltete Betraum, ein Kleinod der sakralen Architektur um 1900, noch immer erhalten. Ein unglaublich stimmungsvoller Raum – Mystik pur! Unter den Husaren, Dragonern und Ulanen, die sich hier zur Andacht versammelten, war 1915 wohl auch ein recht eigenwilliger junger Reitersmann: Heimito von Doderer.

.....

EHEMALIGE GEHEIMBUNKER IM WIENERWALD

Mit einem kräftigen Ruck heben wir die Platte, die den Eingang in den unterirdischen Bereich abdeckt, vom nassen Erdreich hoch. Sofort huschen einige fette Spinnen, welche sich noch wenige Sekunden zuvor sicher und ungestört gefühlt haben, in die nahen Spalten und Ritzen, um sich vor uns in Sicherheit zu bringen. Wir befinden uns in einem Waldstück zwischen Alland und Heiligenkreuz. Das herbstlich gefärbte Blätterkleid beginnt sich zu lichten, der Waldboden ist mit hohem Laub bedeckt. Das Areal, auf dem wir stehen, ist von einem grünen Zaun umgeben, eine unscheinbare Holzhütte in der Mitte des Geländes hat unsere Aufmerksamkeit erregt: Wir stehen vor einem ehemaligen Geheimbunker des Bundesheeres, im Jargon der Soldaten einst „Fanigel" genannt, kurz für „Feste Anlage Igel". Bunker wie dieser bildeten in der Zeit des Kalten Krieges das Rückgrat der österreichischen Raumverteidigung, wie sie von Armeekommandant Emil Spannocchi (1916–1992) entwickelt worden war.

In der Gegend um Alland liegen gleich fünf solcher Verteidigungsstellungen in unmittelbarer Nachbarschaft zueinander – eine Kette feuergewaltiger Sperranlagen, die den Weg nach Westen über Autobahn und Bundesstraße blockieren sollten. Ziel war es, den aus dem Raum Wien vordringenden Armeen des Warschauer Pakts das Weiterkommen zu erschweren und ihnen heftigen Widerstand entgegenzusetzen. Der mittlerweile in Pension gegangene „Waldmeister" Franz Vukovich kann sich noch gut an die Anfänge der Bunker erinnern: Das Bundesheer kaufte von den Grundstückseigentümern kleine Grundstücke. Im Anschluss daran wurde eine Zufahrt geschaffen. Eine Baufirma errichtete nun im Wald die Bunkeranlagen, die mit Sesseln, Tischen und Betten für den Aufenthalt der Soldaten ausgestattet wurden. Ein Ofen und ein Stromaggregat sorgten für Wärme und den benötigten Strom. Bestens versorgt wartete man auf den Feind, der niemals kam.

Herzstück war bei jeder dieser Bunkeranlagen ein in alle Richtungen drehbares Geschütz. Zu Beginn wurde die 90-mm-Kanone (PAK) des amerikanischen Kampfpanzers M 47 Patton in die Geschütztürme eingebaut, die Fahrgestelle verschrottete man. Anfang der 1990er Jahre baute man diese Geschütze jedoch aus und tauschte sie gegen neue 105-mm-Panzerkanonen aus. Die erwähnte Holzhütte diente als Abdeckung und Tarnung der Kanone, die so fast unsichtbar war und bei Wanderern keinen Verdacht erregte. Bei den Einsatzübungen der Soldaten wurde diese Hütte vorher abgebaut und das versteckte Geschütz einsatzbereit gemacht.

Das Aus für die Sperrbunker des Bundesheers kam mit dem Fall des Eisernen Vorhangs: Bis zum Jahr 1998 wurden alle Geschütztürme abgebaut, die Bunker ausgeräumt und zum Teil an Privatpersonen verkauft, andere blieben einfach leer stehen. Das gilt auch für den Bunker, in den wir nun hinabsteigen – es gibt hier drinnen nichts mehr zu finden. Nichts wurde zurückgelassen. Die Kanone samt Drehturm ist verschwunden, das dabei entstandene Loch wurde mit einer Betonplatte, die auf einer Dichtmasse ruht, verschlossen. Alle elektrischen Einrichtungen sind demontiert worden, auch der Ofen ist weg. Diese unterirdischen Bauwerke sind nun die letzten vorhandenen Erinnerungsstücke an die Zeit des Kalten Krieges. Die Bauwerke warten auf einen neuen Verwendungszweck, der hoffentlich einer friedlichen Vision folgen wird.

↖ „Feste Anlage Igel": der Abstieg zu einem der ehemaligen Geheimbunker des Österreichischen Bundesheeres – ein *Lost Place* des Kalten Krieges.

← Ein unscheinbares Holzhäuschen verbarg die todbringende Waffe: Die Bunker waren zum Schluss mit 105-mm-Panzerkanonen ausgerüstet worden.

Der Eiskeller des Kaisers

Es ist ein steinernes Geschichtsbuch, das sich in der Unterwelt der Hofburg vor uns entfaltet. Es erzählt von Krieg und Frieden und vom Werden der Stadt, aber auch von Technologien, mit denen man den Alltag von einst bewältigte.

Wir befinden uns im Kellerlabyrinth unter dem Heldenplatz. Eine eindrucksvolle unterirdische Welt der Gänge, Rohre und Leitungen. Vieles wurde umgebaut und adaptiert, dennoch versteckt sich hier ein besonderes Juwel. Der Zugang ist unauffällig, keine Beschriftung weist zu jener Tür, die es zu passieren gilt. Einer Tür, an der jeder achtlos vorbeigehen wird, der nicht um ihr dahinter verborgenes Geheimnis weiß. Denn durch sie gelangt man zu einem wohlgehüteten und nur ganz selten gezeigten *Lost Place* in der Unterwelt des kaiserlichen Palastkomplexes: zum Eiskeller der Hofburg. Ein Eiskeller, der seinesgleichen sucht – das gilt sowohl für seine Größe als auch für seine Bausubstanz. Tatsächlich befinden wir uns auf historischem Boden: Der Kellerabschnitt war einst Teil der Burgbastei, die bei der Zweiten Türkenbelagerung 1683 erbittert umkämpft war. Nachdem die Basteien ihre Funktion als Wehranlagen verloren hatten, baute man hier für die Hofküchen ein unterirdisches Kältereservoir.

Nach dem Zusammenbruch der Monarchie wurden die Hofküchen demoliert, der in der Unterwelt verborgene Eiskeller blieb bestehen – als einer der größten und schönsten Österreichs.

KEIN ZUTRITT FÜR DEN WÄRMESTOFF DER ATMOSPHÄRISCHEN LUFT

In einer Zeit, in der es weder Kühl- noch Gefrierschränke gab, war die Lagerung von Fleisch und anderen Lebensmitteln über einen längeren Zeitraum eine besondere Herausforderung. Dem Eiskeller kam deshalb große Bedeutung zu. So lesen wir über den Nutzen eines Eiskellers oder einer „Eisgrube" in einem gelehrten Büchlein aus dem Jahr 1825 *(Ausführliche Anweisung zur Aufbewahrung des Eises sowie über die vortheilhaftesten Anlagen der Eisgruben und Eiskeller)* Folgendes: „Sie halten den freien Wärmestoff der atmosphärischen Luft, indem sie ihm den Zutritt verwehren, zurück; sie bewirken, daß man in ihnen nicht allein eine für den Sommer hinlängliche Quantität Eis aufbewahren kann, dessen Anwendung äußerst mannichfach und von großem Werth ist, sondern sie geben auch das schicklichste Behältniß, worin man alle organische Körper wohl erhalten, und sie vor dem vielfältigen Verderben, welchem sie unterworfen sind, gänzlich zu sichern im Stande ist."

Die Haltbarkeit der gelagerten Lebensmittel steigert sich, je stärker die Kälte aus dem Eis auf sie einwirkt. Dieses Phänomen war bekannt und so baute man nicht nur in Wien, sondern auch im Wienerwald und anderen Regionen Eiskeller aus Naturstein oder Ziegel. Beim Bau war zu beachten, dass keine Verbindungsmittel wie Kalk oder Lehm zur Anwendung kamen, da diese nach Feuchtigkeit verlangten und damit die Kühleigenschaft verschlechtert hätten. Für die Zwischenräume wählte man daher möglichst trockenes Material, das konnten zum Beispiel auch „trockene Vegetabilien" wie Moos sein. Bei der Auswahl der Steine achtete man darauf, dass sie von möglichst poröser Qualität waren, da die darin eingeschlossene Luft die Wärme abhielt. Da Holz noch ein wesentlich schlechterer Wärmeleiter als Stein war, legte man vielfach aus Eiskeller aus Holz an – sie hatten jedoch eine

↓ Ein Kellerraum reiht sich an den anderen: das Labyrinth unter Hofburg und Heldenplatz.

→ Der Abgang zu einem Nebenraum des Eiskellers.

→ Für die Hofküche von elementarer Bedeutung: Großzügige Abstellflächen erlaubten die Lagerung rasch verderblicher Lebensmittel.

wesentlich kürzere Lebensdauer. Für repräsentative Bauten wie die Schlösser des Adels oder die kaiserliche Residenz empfahl sich jedoch ein dauerhafter Bau aus Stein. Bereits vorhandene Kelleranlagen wie im Fall der ehemaligen Burgbastei erleichterten die Aufgabe. Noch beim Bau der Ringstraßenpaläste berücksichtigte man die Notwendigkeit eines Kühlraums. So fand sich etwa im Keller des nahen Palais Epstein ein Raum mit einer „Eisgrube".

Das Prinzip war einfach: In der kalten Jahreszeit wurde in einem eingefassten Teich Wasser gespeichert, dann wartete man darauf, dass es gefror. Das so entstandene Eis zerschlug man anschließend mit Hämmern und Spitzhacken in kleinere Blöcke. Mit Fuhrwerken oder auch Schubkarren brachte man es zum Eiskeller, wo die Eisblöcke über eine Öffnung – als praktische Lösung erwies sich meist eine Falltür – in die Eiskammer eingebracht wurden. Am Boden der Eiskammer hatte man zuvor einen Holzrost angebracht, damit das Schmelzwasser abfließen konnte. Der Raum wurde mit Eis bis zu einer gewissen Höhe aufgefüllt, dann verschloss man das Eis mit einem „Deckel" aus Holz. Der dadurch geschaffene gewaltige Eisklumpen begann aufgrund des Fehlens von Sonnenschein und Wärme und wegen der niedrigen Umgebungstemperatur nur ganz langsam zu schmelzen. Das Eis hielt hier sehr lange und kühlte so den Raum oberhalb des Eises als auch die in einer allfälligen benachbarten Kammer gelagerten Lebensmittelvorräte. Um die „Lebensdauer" des Eises zu verlängern, streute man Salz zwischen die Eisblöcke.

Gelagert wurden alle Arten von rohem und zubereiteten Fleisch, aber auch Brot und Backwerk, Mehl und mehlartige Substanzen, Gartenfrüchte, Wurzeln und Kräuter, die in der Kälte ihre „saftige natürliche Beschaffenheit" behielten und so den ganzen Sommer über konserviert werden konnten. Eine große Rolle spielte der Eiskeller auch für die Aufbewahrung von Milch, Käse und Butter und diversen Getränken. In den Eiskeller hing man aber auch Pelze und Wollsachen, um sie vor dem Zerfressen durch Motten und Würmer zu schützen, zudem waren die hier lagernden Güter vor Mäusen und Ratten sicher.

GEFRORENES MIT CHAMPAGNER

Nicht zuletzt war der Eiskeller unumgänglich, wenn es um die Erzeugung besonderer kulinarischer Genüsse ging. An heißen Sommertagen durfte auf der kaiserlichen Tafel Gefrorenes nicht fehlen, der Eiskeller spielte dabei für die Hofzuckerbäckerei eine Schlüsselrolle. Denn die dafür vorgesehene Mischung – meist mit geschlagenem Schlagobers und Früchten wie Erdbeeren, Himbeeren, Ribiseln oder auch Hagebutten und Berberitzen – wurde in eine „Eisbüchse“ gefüllt und diese legte man in einen „Eiskübel“, einen hölzernen Bottich, der mit zerhacktem Eis aus dem Eiskeller gefüllt war. Bereits nach wenigen Stunden erhielt man auf diese Weise eine köstliche Erfrischung: Die Eismasse wurde aus der Eisbüchse geschlagen und in Gläsern angerichtet.

Der Fantasie der kaiserlichen Kochkünstler waren dabei keine Grenzen gesetzt. So schlug das oben genannte Büchlein seinen Lesern ein Rezept „Pfirsich-Gefrorenes“ vor, bei dem zwanzig bis fünfzig Stück Pfirsiche in einem steinernen Mörser zermalmt und durch ein Haarsieb gestrichen wurden. Die Pfirsichmasse wurde dann mit einem Dreiviertelpfund (= etwa 300 Gramm) klarem Zuckersaft und etwas Champagner zu einem dickflüssigen Saft vermischt und in der „Eisbüchse“ vorgefroren, anschließend füllte man die Mischung in eine zinnerne Form, die „aus zwei Theilen besteht und die Gestalt eines Pfirsich hat“ und stellte diese ins Eis. Nach etwa einer Stunde gewann man so eine pfirsichähnliche Masse, die dann „mittels eines in Farbe getauchten feinen Pinsels“ nachbearbeitet wurde. Als Farbe verwendete man „feines Carmin“, aufgelöst in etwas übriggebliebenen Pfirsichsaft. Die farblich abgestimmte „Eisfrucht“ legte man noch einmal ins Eis, um „die verlangte Frucht in täuschender Ähnlichkeit“ zu erhalten. Augenschmaus und Gaumenfreude waren garantiert!

DER ALTE EISKELLER AM COBENZL

Zu jenen völlig in Vergessenheit geratenen Bauwerken, die nur wenigen Insidern bekannt sind, gehört auch der alte Eiskeller am Cobenzl. Die genaue Position dieses im Verborgenen schlummernden Ortes wollen wir nicht verraten – der Eingang im Waldboden ist mit Ästen und Sträuchern verdeckt. Ein aufmerksamer Wanderer vermag die Stelle

← Fortschritt auch unter der Erde: Ein Lastenaufzug ermöglichte die bequeme Bewirtschaftung des Eiskellers und anderer Kellerräume.

→ Ein unterirdisches Reich, gewachsen über Jahrhunderte: Einzelne Abschnitte der Kelleranlagen waren Teil der ehemaligen Burgbastei.

→ Das sorgfältig gearbeitete Mauerwerk des Eiskellers ist noch immer in gutem Zustand.

dennoch zu finden. Vor wenigen Jahren noch war der Abstieg in den Eiskeller nicht möglich, da Gerümpel den Zugang zu dem unterirdischen Bau versperrte. Heute ist jedoch die Situation eine völlig andere. Unter einem Ziegelgewölbe hat sich ein schmaler Spalt geöffnet. Das hier eingebrachte Erdreich, mit dem man vermutlich den Zugang verschließen wollte, ist nach unten abgerutscht und so können wir, mit einem Seil gesichert, auf dem Boden liegend durch den schmalen Spalt in den kurzen Gang vor der großen Kammer kriechen. Mit Ziegeln hat man hier eine Art Rahmen gebildet, durch den man durchsteigt. Vorsicht ist geboten – wer hier abrutscht, stürzt hinab in die große Eiskammer!

Über einen aus Natursteinen aufgeschichteten Absatz gelangt man zu einer Treppe, die entlang der Wand zum Grund der Eiskammer führt. Auch hier gilt es, achtsam zu sein – die Mauerhalterungen des Eisengeländers sind bereits sehr stark in Mitleidenschaft gezogen und durchgerostet. Steht man glücklich am Grund des imposanten Eiskellers, so eröffnet sich erst dessen eindrucksvolle Größe: Die Eiskammer ist 5,80 Meter hoch und misst im Grundriss etwas über 4 × 4 Meter. Der Boden ist mit grobem Blockwerk bedeckt, die Wände bestehen aus Naturstein, auf denen man eine aus Ziegeln geformte Kuppel errichtet hat. Die Kuppel weist eine Öffnung auf, die jedoch von außen verschlossen worden ist. Das Eis wurde in diesem Raum wohl kegelförmig aufgeschichtet und mit Holz und/oder Erde abgedeckt.

Das Schloss des Grafen Johann Philipp Cobenzl, das von diesem Eiskeller aus mitversorgt wurde, und die einst vielgerühmte romantische Garten-Erlebniswelt mit ihrer legendären Grotte sind verschwunden – der Bau der Höhenstraße in den 1930er Jahren hat endgültig zum Untergang der Anlage beigetragen. Geblieben ist als letztes Relikt ein spektakulärer Raum im dunklen Untergrund des Wienerwaldes.

↓

Der Eiskeller unter dem Heldenplatz ist im Rahmen von speziellen Führungen zu besichtigen. Anfragen sind an die Burghauptmannschaft Österreich zu richten.

Der ehemalige Eiskeller von Schloss Cobenzl ist nicht zugänglich, aus Sicherheitsgründen verschweigen wir seine genaue Lage.

AUS DER PIONIERZEIT DES VERTIKAL-TRANSPORTS

Mit der Demolierung der Hofküchen nach dem Untergang der Monarchie 1918 standen auch in den Kellern des Palastkomplexes die Räder still. Die kaiserliche Familie und ihr Hofstaat, den es täglich zu versorgen gegolten hatte, waren verschwunden. Gerissene Drahtseile und abmontierte Antriebsketten dokumentieren den Verfall der mächtigen Seilwinde, die vermutlich für den Lastenaufzug Verwendung fand. Eine historische Maschine, die uns daran erinnert, dass die Moderne auch im Haus des Kaisers ihren Einzug gehalten hatte.

• • • • •

Vergessene Rollbahn im Norden: der Flugplatz Strasshof

Der „Fliegerhorst" der deutschen Luftwaffe stand im Frühjahr 1945 im Brennpunkt des Kampfers um Wien. Von den ehemaligen Unterkunftsgebäuden, Baracken, Bunkern und Hangars sind nur mehr Ruinenreste vorhanden.

Irgendwann macht ein sensationelles Gerücht die Runde: Hier, von der Rollbahn zwischen den Gemeinden Strasshof, Deutsch-Wagram und Markgrafneusiedl, hätten einst die ersten Düsenjäger der deutschen Luftwaffe, die legendären Me 262, starten sollen. Ein leeres Gerücht nur, das aber diesen beinahe verschwundenen Flugplatz plötzlich wieder interessant erscheinen lässt.

Eben wie ein Brett ist das Marchfeld hier und so nimmt es nicht wunder, dass auch die k.k. Aeronauten bereits ein Auge auf das Gelände werfen. Die Erfordernisse des beginnenden Luftkrieges entwickeln ihre Dynamik und so handelt die Heeresführung rasch: 1915 entsteht hier ein Ausrüstungsflugplatz, 1916 werden die k.k. Fliegerkompanien 24, 68 und 101 in Strasshof stationiert, 1918 kommt noch eine Bombergruppe dazu. Der Staatsvertrag von Saint-Germain schiebt 1919 jeder Luftrüstung einen Riegel vor, der nutzlos gewordene Flugplatz wird 1922 aufgelassen.

Doch dann kehrt plötzlich das Heulen der Flugzeugmotoren zurück: Die Fachleute der deutschen Luftwaffe, die nach dem „Anschluss" das Gelände inspizieren, befürworten eine Reaktivierung des alten k.k. Flugplatzes, ab 1939 wird tatsächlich gebaut. Eine über zwei Kilometer lange Piste wird schnurgerade in die Ackerlandschaft gelegt, erste Unterkünfte, Baracken, ein Munitionslager mit fünf Bunkern und provisorische Hangars entstehen, abgedeckt nur mit Tarnnetzen. Dann kommen die Nachwuchspiloten der Flugzeugführerschule A/B 112 und später auch der Luftkriegsschule 7, junge Offiziersanwärter, die in Ausbildungsflügen für den Krieg in der Luft vorbereitet werden: A/B-Schulung heißt das Programm, das sie absolvieren müssen. Die Anlage, die 1942 zum „Fliegerhorst" avanciert, ist eine Außenstelle des Flugplatzes Tulln und wird von dort aus verwaltet.

Als die Luftangriffe der Alliierten auf den Wiener Raum beginnen, investiert man in die Sicherheit der Flugschüler: Bunker und über 50 Splitterschutzwälle werden errichtet und das heute noch zu sehende imposante Betonband, angeblich einst drei Kilometer lang, wird fertiggestellt. Die ungewöhnliche Länge gibt bis heute ein Rätsel auf: Für welchen Typ von Flugzeugen war diese extrem lange Startbahn gedacht? Für schwere Transportmaschinen mit Überlast? Für Düsenjäger, von den Zeitgenossen „Strahlflugzeuge" genannt, wäre diese Länge bei Weitem nicht notwendig gewesen – 1.200 Meter hätten gereicht.

Im Frühjahr 1945 herrscht dann plötzlich Hochbetrieb: Ein Teil des Schlachtgeschwaders 9, ausgerüstet mit Maschinen vom Typ Henschel Hs 129 B, ist in Strasshof stationiert. Knapp vor Beginn der Schlacht um Wien, am 2. April 1945, wird eine Einheit des Jagdgeschwaders 53 mit Messerschmitt Bf 109G hierher verlegt, am 5. April aber wieder abgezogen – zu nahe sind inzwischen die Spitzen der Zweiten Ukrainischen Front Marschall Malinowskis, die sich von Osten nähern. Bevor der Flugplatz aufgegeben wird, versuchen die Deutschen noch die Piste zu zerstören, indem sie auf der Startbahn in regelmäßigen Abständen Sprengladungen zünden. Die wichtigsten Teile der Infrastruktur werden gesprengt – Munitionsbunker, Wasserwerk, Hangars und Baracken.

Die Sowjets, die dringend eine Ausweichmöglichkeit zu Aspern suchen, stopfen die Löcher auf der Piste und setzen den Flugplatz auch sonst wieder einigermaßen instand, in der Folge sollen sich bis zu 2.500 russische Soldaten hier aufgehalten haben, darunter angeblich auch Einheiten der 8. Gardefrontbombenfliegerdivision, ausgerüstet mit Iljuschins IL-28. Das gesamte Gebiet des Flugplatzes wird zum Sperrgebiet erklärt und streng bewacht. Nach dem Abzug der Sowjets kümmert sich kaum jemand mehr um das Gelände, einzig unternehmungslustige Jugendliche suchen nach spektakulären Überresten aus den Kriegstagen.

1956 werden Überlegungen angestellt, das Flugfeld für die zivile Luftfahrt auszubauen und damit den Flughafen Schwechat zu entlasten. Der Widerstand der Anrainer ist jedoch so groß, dass dieses Projekt bald wieder aufgegeben wird – die Rollbahn bleibt, wie sie ist, und wird zum beliebten Tummelplatz von Fahrschülern, die hier unbeschwert aufs Gas steigen können. Profis trainieren in den 1970er Jahren waghalsige Autostunts, und eine Forschungsgesellschaft, so wird kolportiert, will auf dem Gelände sogar Raketen starten. Inzwischen aber scheint dieser *Lost Place* des Krieges endgültig dem Untergang geweiht: Auf dem Areal soll ein Gewerbepark entstehen, der Bau der Marchfeld-Schnellstraße ein Übriges dazu tun, um auch letzte Spuren auszulöschen.

Heute schwebt noch einmal unser Drache – an der Leine mit uns auf der Erde fest verbunden – über das Gelände und trägt lautlos unsere Luftbildkamera, die vermutlich die allerletzte Möglichkeit bietet, die Reste der einstigen Landebahn vor ihrer endgültigen Beseitigung für die Nachwelt auf Bildern festzuhalten. Längst hat die Natur begonnen, ihren Platz zurückzufordern. Zwischen den einzelnen Betonfeldern dringt das Gras hervor und verdeutlicht uns, aus wie vielen Einzelteilen diese so mächtige Rollbahn zusammengesetzt wurde. Zwischen wild überwucherten Flächen sind die Reste der hier einst so wichtigen Bauwerke zu erkennen. Ruinen eines *Lost Places*, der nun bald völlig aus unserem

Gesichtsfeld, jedoch nicht aus unserem Gedächtnis verschwunden sein wird. Zurzeit eignet sich das gesamte Areal für ausgedehnte Wanderungen mit dem Hund oder für einige einsame Joggingrunden. Am Horizont zeichnet sich jedoch schon die immer näher rückende Silhouette der neu errichteten Gewerbebetriebe ab.

Ein tragisches Unglück am 5. November 1991 ruft die dunkle Vergangenheit des Areals noch einmal schmerzhaft ins Gedächtnis: Der Landwirt Johann Mayer fährt mit seinem Traktor auf einem Feld ganz in der Nähe des ehemaligen Flugfeldes auf eine Fliegerbombe auf, durch die Erschütterung entzündet sich die Sprengladung und explodiert – Johann Mayer ist sofort tot.

↓ Steinerner Widerstand gegen den Vorübergang der Zeit: letzte Mauern am ehemaligen Flugplatz Strasshof.

LOST PLACE DES LUFTKRIEGES

Eben wie ein Brett sind die Felder bei Strasshof. Kein Wunder, dass bereits die k.k. Aeronauten ein Auge auf das Gelände warfen und 1915 einen Ausrüstungsflugplatz hier errichteten. Nach dem „Anschluss“ wurde der alte k.k. Flugplatz von der deutschen Luftwaffe revitalisiert und eine über zwei Kilometer lange Piste schnurgerade in die Ackerlandschaft gelegt. Ein Gerücht erzählt, dass auf diesem imposanten Betonband einst die ersten Düsenjäger der Geschichte, die legendären Me 262, hätten starten sollen. Unsere Luftbildkamera, befestigt an einem von uns gesteuerten Drachen, dokumentiert die Reste der einstigen Landebahn, auf denen die Natur begonnen hat, ihren Platz zurückzuerobern.

• • • • •

DAS GEHEIMNIS DES GENERATORENRAUMS AUF DEM BISAMBERG

Ab dem 6. April 1945 kann man Hitler in Wien nicht mehr im Radio hören. Der „Reichssender Wien" stellt an diesem Tag seinen Betrieb ein. Ein letzter Brückenkopf bei der Floridsdorfer Brücke wird von den Deutschen am Abend des 13. April aufgegeben, genau um Mitternacht die Brücke gesprengt. Nördlich der Donau haben die Soldaten der 2. Ukrainischen Front Marschall Malinowskis Seyring und Gerasdorf erreicht, den deutschen Einheiten in Aspern und Floridsdorf, vor allem den Resten des II. SS-Panzerkorps, droht die Einkesselung, denn bei Kritzendorf gehen bereits sowjetische Truppen der 3. Ukrainischen Front über die Donau. Auch für die SS und diverse Volkssturm- und HJ-Einheiten am Bisamberg ist es höchste Zeit zum Rückzug, will man dem „Sack", den die Sowjets vorbereiten, noch entkommen. Bleibt nur noch eine letzte Aufgabe: die Zerstörung des 100-Kilowatt-Großsenders Bisamberg, einst der Stolz der RAVAG und seit dem 28. Mai 1933 offiziell in Betrieb. Bei seiner Erbauung hatten die Techniker der RAVAG großartige Arbeit geleistet und auf die zu diesem Zeitpunkt modernste Technologie gesetzt – zur Vorbereitung hatte man in Seyring nordöstlich von Wien sogar eine Versuchsanlage mit zwei 50 m hohen Masten installiert. 1938 bedienten sich die Nazis nur allzu gern der vorhandenen Infrastruktur. So war die Anlage am Bisamberg mit einem 136 m hohen Blaw-Knox-Sendemast ausgerüstet, erst im Herbst 1933 errichtete man dann den Reflektormast. Die mächtigen Dieselmotoren im Generatorraum erzeugten zusammen 1.450 PS und deckten den gesamten Strombedarf des Senders, mit ihrer Abwärme wurden die Gebäude beheizt, der Anschluss an das Stromnetz erfolgte erst 1939.

Bereits am 10. April wird im Sender von der SS-Schutzwache alles zur Sprengung vorbereitet. Am 13. April setzen die SS-Leute die Zündschnüre in Brand – beherzten Mitarbeitern des Senders gelingt es, die brennenden Lunten im letzten Augenblick zu löschen.

↓

Senderstraße / am Bisamberg
1210 Wien

↖ Die vor der Zerstörung gerettete Kraftanlage des Senders am Bisamberg ist bestens erhalten.

← Die Spuren der bereits brennenden Zündschnüre sind auf den emaillierten Fliesen des Fußbodens noch gut zu erkennen.

Entdeckung im Gartendschungel von Schloss Prugg

Liebe und Begeisterung für die Gartenkultur haben auf Schloss Prugg eine lange Tradition. Schon in der Barockzeit setzte die Orangerie der Adelsfamilie Harrach neue Maßstäbe in der Kultivierung von Zitrusfrüchten.

Der Harrachpark in Bruck an der Leitha ist ein Erlebnis. Die weitläufige Gartenlandschaft von Schloss Prugg, Teil des EU-Parknetzwerks „Die großen Gärten", ist für die Öffentlichkeit zugänglich und ein Refugium für seltene Pflanzen und Tiere. Um die 50 Vogelarten sollen hier brüten, ebenso außergewöhnlich ist die Vielfalt exotischer Bäume, die hier anzutreffen ist – Schautafeln bieten dazu hilfreiche Informationen. Bei der Bevölkerung, so scheint es, ist diese wundervolle Grünzone sehr begehrt: Hundebesitzer schlendern mit ihren Vierbeinern durch die mit reichlich Altbaumbestand versehene Landschaft, eine Schulklasse sucht Erholung vom Alltagsstress, in den Koppeln neben dem Park weiden Pferde auf saftig-grünen Wiesen. Und immer wieder öffnet sich der Blick auf das im Tudorstil verkleidete Schloss der Familie Harrach, das, durch einen Zaun geschützt, vom Park aus nicht betreten werden kann. Beinahe seit einem halben Jahrtausend ist es Stammsitz der Harrachs. Wer das Glück

hat, eine Führung durch das Haus genießen zu können, kann in der Großen Galerie die lange Reihe der habsburgtreuen Staatsdiener bewundern.

VOM BAROCKEN LUSTGARTEN ZUR ROMANTISCHEN GARTENIDYLLE

Wohl nicht allen Besuchern ist bewusst, dass sie sich in einer historischen Gartenlandschaft bewegen, die auf eine lange Geschichte zurückblicken kann. Bereits 1625, als das Schloss in das freie Erbeigentum der Familie Harrach überging, existierte hier ein Renaissance-Ziergarten. Durch Zukäufe von Gärten der Brucker Bürger konnte Graf Alois Thomas Harrach das Areal vergrößern und um 1710 durch Johann Lucas von Hildebrandt einen Barockgarten anlegen lassen. Dazu wurden Sümpfe trockengelegt und mit Erde aufgeschüttet, der Mode der Zeit entsprechend folgte man beim Anlegen der Gartenachsen einem streng geometrischen Muster. Besucher aus ganz Europa rühmten die Anlage.

Knapp sieben Jahrzehnte später erfolgte dann die Kehrtwendung – der Landschaftspark neuen Stils setzt auf natürliche Formen: „Harmonie in den Dekorazionen ist bey der Anlegung eines Parks nach englischer Manier einer der wesentlichsten Punkte, der vielleicht die meiste Aufmerksamkeit verdient; denn man muss sich dabey hüthen, Kunst zu verrathen“, heißt es in dem zweisprachig 1812 in Wien erschienenen gartenkundlichen Werk *Description des principaux des Parcs et Jardins de l'Europe*, beim Anblick der Gartenlandschaft dürfe man „nicht den mindesten Zwang“ empfinden, letztlich bestehe die Kunst der Gartengestaltung darin, die Grenzen des Parks zu verbergen – eine Maxime, der auch Graf Johann Ernst Harrach (1758–1829) und sein Obergärtner Christoph Lübeck folgen, als sie, dem Geschmack der Zeit entsprechend, um 1789 den einst von Hildebrandt geplanten Barockgarten in einen Landschaftspark umgestalten. Lübeck, der aus Anhalt-Dessau kommt, nützt dabei geschickt den mäandernden Lauf der Leitha aus, die mittels Schleusen reguliert wird. So können Kanäle und kleine Inseln mit Uferbereichen geschaffen werden, sogenannte „Schönhügel"; künstlich aufgeführte Erhöhungen in verschiedenen Teilen des Parks werden mit Föhrengruppen bepflanzt, blumenreiche, freie Wiesenräume mit Sicht auf das Wasser sollen für romantische Stimmungen sorgen. Auf Wunsch von Johann Ernst Harrach und seiner Gemahlin Maria Josepha, die beide großes Interesse an der botanischen Ausgestaltung dieser neuen Gartenerlebniswelt haben, legt Lübeck ein umfangreiches Arboretum an, in dem er einen üppigen Pflanzenreichtum versammelt – insgesamt werden es an die 6.500 Arten und Unterarten sein, die das Harrachsche Gartenparadies an der Leitha bevölkern: vom Virginischen Wacholder bis zum Carolinischen Gewürzstrauch, vom orientalischen Platanenbaum bis zur sibirischen Rüster, vom Gemeinen Judasbaum bis zu den Zedern vom Libanon.

Staffagebauten im Stil der Zeit setzten weitere Akzente: Am Ufer der Leitha wurde ein achteckiges Lusthaus mit Gemälden an den Wänden errichtet. Ein *Pavillon rustique*, gezimmert aus Baumstämmen und mit einem Steintisch in seiner Mitte, eine künstliche, mit Moos verzierte Grotte und eine

↖ Die Natur holt sich ihr verlorenes Territorium wieder zurück: Schlingpflanzen ranken sich um die verbliebenen Eisenteile.

→ Es ist nur mehr eine Frage der Zeit, bis auch die mächtigen Holztore zusammenbrechen werden.

Fischerhütte sowie zahlreiche Brücken und ein Bootshafen beim Schloss verstärkten die romantische Illusion vom einfachen Leben auf dem Land.

Unter den Besuchern ist im September 1801 auch der Historiker und Schriftsteller Franz Anton de Paula Gaheis, bekannt durch die Berichte über seine „Spazierfahrten" in der Umgebung von Wien. Gaheis hat das Glück, zufällig auf Obergärtner Lübeck zu treffen, der ihn mit „voller Bereitwilligkeit" durch den ganzen Park begleitet. Der eifrige Wandersmann ist verzaubert von der „unbeschreiblich guten Wirkung aufs Herz", die das kunstvolle Gartenensemble auslöst, und spart schließlich nicht mit Lob: „Wir verließen diese Anlage mit dem Gefühl der vollsten Bewunderung. Denn sie ist einzig in ihrer Art sowohl in Rücksicht des Umfanges und der geschmackvollen Benutzung des Terrains, als auch in der Ansehung des Reichtums von Gewächsen, und wegen der inneren Achtungswürdigkeit aller Personen, welche an der Cultur derselben mittelbaren oder unmittelbaren Anteil haben. Fremde, welche Wien und die paradiesische Gegend um Wien gesehen haben, werden sich nie des vollen Genusses ihrer Ausflüge rühmen können, wenn sie nicht auch in dem Parke zu Bruck gelustwandelt haben." *(Zitiert nach Franz de Paula Gaheis, Spazierfahrt nach dem Gräflich Harrachischen Park Bruck an der Leytha.)*

WO DIE POMERANZEN WUCHSEN

Wir aber haben im Park von Schloss Prugg ein besonderes Ziel. Durch dichtes Unterholz und über umgestürzte Bäume hinweg kämpfen wir uns mit Beppo Harrach, unserem auskunftsfreudigen Führer, zur verfallenen Orangerie des Schlosses durch – wer nicht weiß, dass sich hier dieses großartige Gartengebäude versteckt, wird es niemals finden. Wie in einem Dornröschenfilm erhebt sich vor uns aus dem Dschungel eine langgestreckte und enorm hohe Eisen-Glas-Konstruktion, Schlingpflanzen ranken sich um die verbliebenen Eisenteile, ein Großteil des Glasdaches ist eingestürzt, die restlichen Glaselemente drohen jeden Moment herunterzufallen – ein Aufenthalt im Inneren daher nicht ratsam. Hier ist die Natur fest entschlossen, sich das an den Menschen verlorene Territorium wieder zurückzuholen.

Wir aber fühlen uns wie im Urwald von Yucatán und staunen über die eindrucksvolle Dimension dieses vergessenen Glashauses, das 1859 als „neues Palmenhaus" errichtet worden ist. Die Tradition der Orangerien auf Schloss Prugg reicht jedoch zurück in die Barockzeit – man sprach bescheiden vom *pomeranzen gartl*. Doch dieses *gartl* lieferte z. B. enorme Mengen an Zitrusfrüchten, nicht nur für die Schlossbewohner, sondern auch für das Wiener Stadtpalais Harrach auf der Freyung: So ist für den Oktober 1736 eine Lieferung von 2.379 geernteten Zitrusfrüchten nach Wien dokumentiert. Leitender Gärtner in Schloss Prugg ist damals Friedrich Anton Harthung, ein bestens ausgebildeter Fachmann, der 1712 von Aloys Thomas Raimund Harrach (1669–1742), dem Schlossherrn, bestellt worden ist. Aloys Thomas Raimund, kurz „Aloys", hat sich zu einem groß angelegten Um- und Neubau seines Stammsitzes entschlossen, der ab 1708 von Johann Lucas von Hildebrandt geplant und geleitet wird. Bei dieser Gelegenheit soll auch die Gartenwelt neu gestaltet werden. Da Aloys für Kaiser Karl VI. in zahlreichen diplomatischen Missionen unterwegs ist und 1728 das Amt des Vizekönigs im Königreich Neapel übernimmt, überwacht sein Bruder Johann Joseph Philipp die Arbeiten von Jean Luca in Schloss Prugg.

Eine Orangerie war im Prinzip für das herrschaftliche Gut an der Leitha nichts Neues, bereits im 17. Jahrhundert ist die Existenz einer derartigen Anlage für Prugg dokumentiert – die Harrachs legten schon früh Wert auf eine ausreichende Versorgung mit frischem Obst und Gemüse. Mit Friedrich Anton Harthung hatten sie jedoch eine „Autorität in der Zitruskultur", so die Gartenforscher Dora Skamperls und Thomas Baumgartner, gefunden, die für neue Maßstäbe sorgte. Die neuen Glashäuser waren mit Warmluftheizung ausgestattet und boten den Pflanzen wesentlich bessere Bedingungen. Kein Aufwand war zu groß: Harthung kaufte die

Zitrusbäume in Neapel und ließ sie nach Prugg und in das neue Gartenpalais der Harrachs auf der Landstraße in Wien liefern. Jeder Baum wurde von ihm sorgfältig geprüft und gepflegt, Früchte und Setzlinge sicherten nicht nur den Eigenbedarf, sondern wurden auch verkauft – die Orangerie war damit erstmals mehr als nur aristokratische Liebhaberei. Und die Harrachschen Glashäuser gaben einen neuen Trend vor: Prinz Eugen, der etwas eifersüchtig die neuen, aufwendigen Gartenanlagen der Konkurrenz zur Kenntnis genommen hatte, ließ in Schloss Hof baugleiche Glashäuser errichten. Die beiden Orangerien in Schloss Hof sind inzwischen gut dokumentiert und werden gerne „als früheste Beispiele ihrer Art" gelobt, während die Pioniertat des Gartengenies Friedrich Anton Harthung in Vergessenheit geriet.

↓
Schloss Prugg 2
2460 Bruck an der Leitha

↓ Eine großartige Eisen-Glas-Konstruktion von enormer Höhe: Ein Großteil des Glasdaches des „neuen Palmenhauses" ist bereits eingestürzt, die restlichen Glaselemente drohen jeden Moment runterzufallen.

ORANGEN UND ZITRONEN FÜR WIEN

Mächtige Tore, hohe Mauerbögen: Anno 1859 als „neues Palmenhaus" errichtet, beeindruckt dieses vergessene Glashaus, versteckt im Dschungel von Schloss Prugg, auch heute noch durch seine eindrucksvolle Dimensionen. Die Tradition der Orangerien auf dem Ansitz der Grafen Harrach reicht jedoch weit zurück in die Barockzeit – man sprach damals bescheiden von einem *pomeranzen gartl*. Das *gartl* hatte es jedoch in sich: Es lieferte enorme Mengen an Zitrusfrüchten ins Wiener Stadtpalais der Harrachs auf der Freyung, manches davon mochte sich auch auf die Wiener Märkte verirren. Leitender Gärtner in Schloss Prugg war damals Friedrich Anthon Hartung, ein bestens ausgebildeter Fachmann, der für neue Maßstäbe in der adeligen Gartenkultur sorgte.

• • • • •

VERLORENE PRACHT

Das Dach, das den Kaiser beschirmte

Der gewaltige Dachstuhl der Hofburg ist ein Kosmos für sich. Ein Denkmal der Zimmermannskunst vergangener Zeiten und ein abgeschiedener Ort der Stille, gestört nur von den täglichen Kontrollgängen der Feuerwehrleute.

Wenn es sich um das Dach handelt, sind alle Gedanken klar. Im Dachboden sieht man mit Vergnügen das starre Gerippe des Balkenwerks bloßgelegt. Man hat Teil an der soliden Geometrie des Zimmermanns.
Gaston Bachelard, Poetik des Raumes

Es ist ein Abenteuer für sich. Wer hier seinen Dienst verrichtet, weiß erst nach Jahren über alle verborgenen Winkel seiner Arbeitsstätte Bescheid. Die Dachbodenlandschaft der Hofburg, die über die Jahrhunderte hinweg zu einem enormen Gebäudeverbund angewachsen ist, beeindruckt den Besucher, der nach einer Stunde im Dachstuhl feststellen muss, dass er noch lange nicht alles gesehen hat. Wir beschreiten einen schier nie enden wollenden Laufsteg und durchschreiten unglaublich viele Türen, die Dachbereich für Dachbereich voneinander trennen. Mächtiges Balkenwerk begleitet uns, wir haben, wie Gaston Bachelard schreibt, eindrucksvoll

Anteil an der „Geometrie des Zimmermanns". Diese kunstvolle Geometrie der Dachstuhlbauer vermittelt uns zugleich ein Gefühl der Sicherheit und Heimeligkeit, Das Dach, das den Kaiser beschirmte, strahlt Sicherheit aus.

Die Feuerwehrmannschaft der Hofburg ist die einzige Personengruppe, die das Haus zur Gänze kennt. Geschlagene zwei Stunden benötigen die Feuerwehrleute, um die weiten Hallen des Dachbodens bei ihren Kontrollgängen abzuschreiten. Es ist eine eigene, abgeschiedene Welt, die zwar vorhanden ist, jedoch nur von wenigen Menschen betreten werden darf. Der gewaltige Dachstuhl, ein Monument der Zimmermannskunst, bringt so manchen Handwerker, der hier oben Arbeiten durchführen muss, zur Verzweiflung. In dem langen Zeitraum, in dem die Hofburg entstand und ständig an Größe zunahm, veränderten sich auch die bautechnischen Möglichkeiten. Neue Werkstoffe und neue Erfahrungen waren dafür verantwortlich, dass sich auch im Erscheinungsbild vieles änderte. Die Hofburg zählt mit ihren 19 Höfen und 18 Trakten zu den größten zusammenhängenden Gebäudekomplexen Europas und vereint in sich verschiedenste Baustile. Vermessungsstudenten der TU Wien müssen im Rahmen ihrer Ausbildung einen Teil des Dachstuhles vermessen und sich mit dessen Konstruktion auseinandersetzen. Die gute Konstruktion eines Dachstuhls ist entscheidend für den Werterhalt eines Gebäudes. Er ist die Versicherung gegen des Himmels unbändige Launen.

Der Dachstuhl der Hofburg ist, auch ganz nüchtern betrachtet, ein kleiner Kosmos für sich. Er ist ein so gut wie ungenützter Bereich. Ein Niemandsland. Ein Ort, der in sich ruht, fernab dem Treiben auf den Straßen. Er ist, für die Menschen zwar existent, jedoch ansonsten ohne Bedeutung. Seine Funktion erfährt er nur von außen. Er trägt das große, ja enorm große Dach der Hofburg. Punktum. Mehr nicht! Und doch ist es ein Mikrokosmos und ein

← Ein schmaler Steg in luftiger Höhe führt uns zum Eingang in die Michaelerkuppel.

magischer *Lost Place* im Herzen Wiens. Musils perverse Internatszöglinge, die in einem Dachbodenversteck ihren Mitschüler Törleß quälen, hätten daran ihre wahre Freude. So wie der Keller beschwört auch der Dachboden die Vergangenheit. Das Holz des Dachstuhls stammt aus der Steiermark und wurde mit Pferdefuhrwerken und später auf von Traktoren gezogenen Wägen nach Wien gebracht. Bis heute befinden sich hier noch immer die senkrechten Seilhaspeln. Heute nicht mehr in Verwendung, dienten diese zum Aufziehen und Einbringen von Lasten oder sperrigem Gut. Über große, ausklappbare Türen direkt in der Dachschräge blickt man hinunter in den Hof der Hofburg. Immer wieder übersteigen wir ganze Bahnen von innenliegenden Dachrinnen. Eine so große Fläche wie das Hofburgdach hat sich bei starken Regenfällen oder Wolkenbrüchen den großen, vom Himmel herabfallenden Wassermassen zu stellen. Mit Deckeln aus Holzbrettern sind sie abgedeckt. Lange, innen mit Blechen ausgekleidete Bahnen, sogenannte innen liegende Dachrinnen, leiten das Regenwasser im Dachstuhl zu Sammelpunkten. Nicht selten verlaufen diese Rinnen quer über den Dachboden. Ein richtiges Kunstwerk an wasserableitenden Maßnahmen soll die plötzlich auftretenden Wassermassen vom Dach in die Kanäle unter der Straße ableiten.

Genau wie am Stephansdom lagert man auch hier eine große Menge an Dachziegeln. Es sind Reserve-Dachziegel, die hier vorsorglich bereitliegen. Sollte es bei einem Sturm zu Beschädigungen am Dach kommen, kann der herbeigerufene Dachdecker einen raschen Austausch gegen neue, unbeschädigte Dachziegel vornehmen.

Ein besonderes Merkmal im Dachstuhl über der Winterreitschule sind die alten Lusterwinden, die hier oben zu sehen sind. Die Stahlseile sind bereits gekappt. Von den alten, noch von Hand betriebenen Winden blieb nur mehr ein Teil des Kurbelwerkes zurück. Ersetzt durch neue und moderne Seilwinden, die von einem Elektromotor angetrieben werden, haben sie ihr Einsatzende erreicht. Aus den alten Ziegelwänden ragen massive Rohrleitungen heraus. Es sind stillgelegte Wandhydranten. Die Beschriftungen dazu sind noch vorhanden.

IM INNEREN DER MICHAELERKUPPEL

Ein Foto der Goldenen Kuppel des Michaelertraktes ist für jeden Wienbesucher Pflicht. Was jedoch nur wenige wissen: In ihrem Inneren verbirgt der 54 m hohe, von Ferdinand Kirschner 1889 bis 1893 errichtete Kuppelbau einen der wundervollsten Teile des Hofburgdachstuhls. Durch eine niedrige Tür lotst uns unser Führer in das Innere – ein unerwarteter, gigantischer Hohlraum zwischen Innen- und Außenkuppel wird sichtbar. Wir staunen über das Ausmaß des Leerraums zwischen den beiden Kuppelschalen. Die Holzkonstruktion in der Michaelerkuppel ist sehr alt und das Holz unglaublich trocken, ein enormes Gefahrenpotenzial. Sollte es zu einem Brand kommen, so wäre das Betreten dieses Kuppeloberbaus aufgrund der enormen Hitzeentwicklung so gut wie unmöglich. Die Höhenrettertruppe der Feuerwehr trainiert hier in regelmäßigen Abständen.

Der innere Kuppelraum wird von der Unterkuppel dominiert. Über eine Treppe gelangt man auf die Unterkuppel und zu einer großen, von einem Gitter verschlossenen Öffnung, die den Blick freigibt auf die Welt darunter. Winzig klein sind die Menschen, die unter uns durchschreiten. Von hier oben ist ein wirklich „tiefer" Einblick in die Halle der Michaelerkuppel garantiert. Kutschen, Autos und viele Touristen wirken von hier oben wie kleine Figuren in einem Diorama.

Der Hohlraum der Michaelerkuppel ist ein zum „Grande Applause" gekürter Bereich, der keine Zuseher hat und für sich alleine bleiben darf. Ein Kunstwerk des Kuppelbaus, dessen Existenz uns hier ins Bewusstsein gebracht werden soll!

Weht ein starker Sturm über der Stadt, so schwingt das Dach der Michaelerkuppel mit. Nicht steif und starr, sondern beweglich und dynamisch gleicht es die enorme Kraft des Winddrucks aus und verhält sich wie ein beweglicher Baum. Die auf dem Dachstuhl auftretenden Temperaturunterschiede zwischen minus 15 Grad Celsius im Winter und plus 60 Grad in der Hitze des Sommers können dem Dachkomplex nur wenig anhaben. Auf gemauerten

Fundamenten wurden durch Nieten zusammengehaltene Eisenträger angebracht, die mit schweren Holzbalken verbunden sind. Auf dieser Konstruktion wurde die aus Holz gefertigte Dachhaut angebracht, die in der Folge mit Blechen verkleidet wurde. Ein aufwendiges Verfahren, das durch eine Vielzahl von komplizierten Querverbindungen stabil und letztendlich doch dynamisch den Dachaufbau nun schon seit über hundert Jahren zusammenhält und seine Betrachter zum Staunen bringt.

DIE MONDPHASENUHR

Im Dachstuhl des Amalientraktes befindet sich eine kunstvoll gearbeitete Mondphasenuhr mit einem alten mechanischen Uhrwerk. Zu den Routineaufgaben der Feuerwehrmänner auf ihrem Rundgang zählt das tägliche Aufziehen des Uhrwerks mittels einer großen Kurbel. Dabei werden die schweren Gewichte bis zum Uhrwerk hinaufgehoben.

← Als würde hier ein UFO geparkt worden sein: das „Raumschiff" im Dach der Neuen Burg.

→ Wird täglich aufgezogen: das Räderwerk der Mondphasenuhr, die den Besuchern des Inneren Burghofes den Stand des Mondes anzeigt.

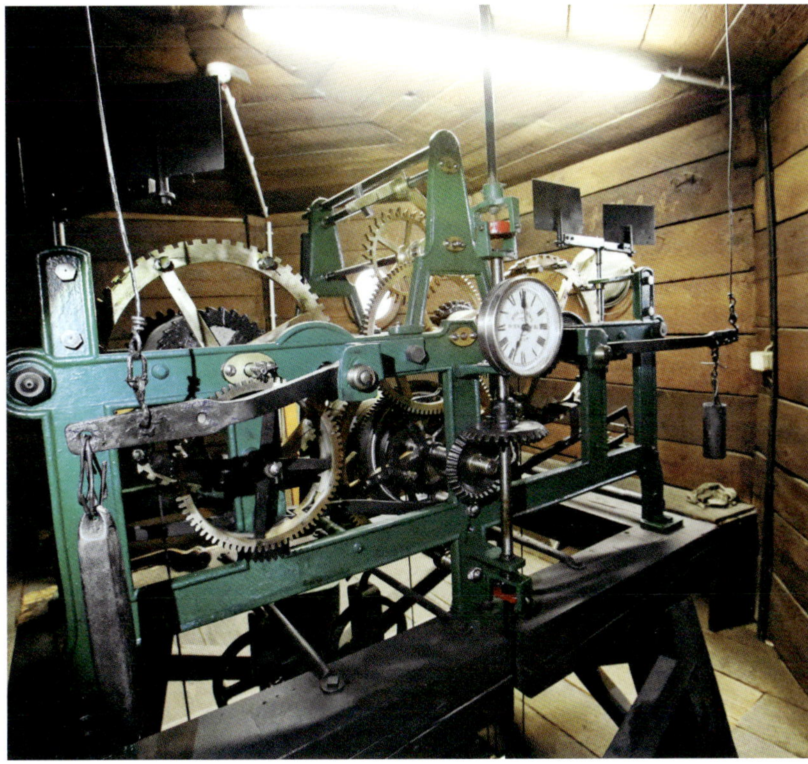

DACHSCHMUCK AUS BLECH

Sie künden von der militärischen Macht des Kaisers – die kupfergrünen Rüstungen und Helme am äußersten Rand des Daches verfehlen beim Betrachter vor dem Hofburggebäude ihre Wirkung nicht. Sie sehen schwer aus, die Helme, die mit ihrem prächtigen Federschmuck den kaiserlichen Soldaten außerordentlichen Auftritt und Respekt beim Gegner verschaffen sollten. Hat man das Glück, an diesem Dachschmuck nahe dran zu sein, verrät ein leichtes Klopfen, dass diese aus der Ferne so mächtig und schwer wirkenden Schmuckelemente aus nicht allzu starkem Blech gefertigt wurden!

DAS HEIMLICH GELANDETE RAUMSCHIFF IM DACH

Wie ein gewaltiges UFO, das hier oben versteckt vor neugierigen Blicken Schutz gefunden hat, liegt es da im Dach der Neuen Burg: gleich einem Raumschiff aus einem Science-Fiction-Film. Ein Aufbau, der die Fantasie anregt und seinesgleichen in Wien sucht. Die Wahrheit ist nüchterner: Unterhalb dieser Stelle hat man einen Konferenzraum eingerichtet. Der futuristisch anmutende Aufbau soll so viel natürliches Licht wie möglich in diesen Dachbereich einfallen lassen. Die raffinierte Dachkonstruktion aus Glas über diesem kreisrunden Abteil steigert die Lichtausbeute wesentlich.

SINFONIE AUS HOLZ UND EISEN

Nur wenige wissen es: Die prachtvolle Goldene Kuppel des Michaelertraktes der Hofburg verbirgt in ihrem Inneren eine kunstvolle Dachstuhlkonstruktion, die Fachleute auch heute noch immer mit Bewunderung studieren. Durch eine niedrige Tür gelangen wir in einen gigantischen Hohlraum zwischen Innen- und Außenkuppel und staunen über das Ausmaß des Leerraums zwischen den beiden Kuppeln. Auf gemauerten Fundamenten wurden durch Nieten zusammengehaltene Eisenträger angebracht, die durch schwere Holzbalken miteinander verbunden sind. Auf dieser Konstruktion wurde dann die aus Holz gefertigte Dachhaut aufgezogen und mit Blechen verkleidet. Die kunstvollen Querverbindungen halten den Dachaufbau nun schon seit über hundert Jahren zusammen.

• • • • •

SCHLOSS TRAUTMANNSDORF AN DER LEITHA

Ja, schon aus der Entfernung von einigen hundert Metern wirkt der riesige Bau verlassen und „verloren", so, als gehörte er nicht mehr in diese Welt. Der Kontrast könnte denn auch größer nicht sein: Hier das imposante steinerne Monument der verschwundenen altösterreichischen Adelsgesellschaft, darüber schweben im Abstand von wenigen Minuten Flugzeuge aus aller Herren Länder Richtung Landepiste in Schwechat. Ein bedrückendes Szenarium, welches das Aus-der-Zeit-Gefallen-Sein dieses Orts immens verstärkt – seine augenfällige vollkommene Nutzlosigkeit löst in uns ein Gefühl der Betroffenheit aus. Erbaut als repräsentativer Palast für eine der ersten Familien der Habsburgermonarchie, ragt das Batthyány-Schloss in Trautmannsdorf an der Leitha als trauriger „Kasten" in die Gegenwart.

Es ist wohl die Nähe zur kaiserlichen Residenz, die Karl Josef Graf Batthyány (1697–1772) 1756 bewegt, seinen ausgedehnten Ländereien auch noch den Besitz in Trautmannsdorf hinzuzufügen. Mittelpunkt des herrschaftlichen Guts, das er der Familie Windischgraetz abkauft, ist das 1292 erstmals als Burg erwähnte Schloss, ehemals ein wichtiges Glied in der Kette von Verteidigungsanlagen gegen die Ungarn. Die Aktivitäten des Grafen sind durchaus Teil eines großen Plans: Um seinen Besitzstand in der Region entsprechend zu arrondieren, kauft Batthyány auch noch die Herrschaften Götzendorf, Enzersdorf und Fischamend, alle vier Herrschaften werden wie damals oft üblich in einen Fideikommiss eingebracht.

Das alte Gemäuer in Trautmannsdorf hat die Türkenkriege und die Einfälle der Kuruzzen gut überstanden und erfüllt vorerst seinen Zweck: Karl Batthyány und seine Angehörigen lernen den neuen Stützpunkt auf dem Weg zu den Besitzungen im Südosten rasch schätzen. Maria Theresia will den verdienstvollen Mann, der noch unter Prinz Eugen gegen die Osmanen gefochten und für sie im Österreichischen Erbfolgekrieg die Schlacht bei Pfaffenhofen siegreich geschlagen hat, in ihrer Nähe wissen und vertraut ihm schließlich 1751 auch die Erziehung des Kronprinzen Joseph, das Amt des „Ajo", an. 1763 wird Batthyány, der ungarische Magnat, in den Reichsfürstenstand erhoben, eine Auszeichnung, die ihn dem Rang nach in eine Reihe mit den Fürsten Esterházy stellt.

↖ Die einst kunstvoll ausgestatteten Räume sind leer, die kostbaren Möbel, zum Teil speziell für das Schloss angefertigt, sind verschwunden.

← Schuhwerk, Ledergamaschen Töpfe und Kanister aus den verschiedensten Zeitepochen: das Schloss als Spiegel historischer Momente.

Das graugrüne Gartenmonster

In der harmonischen Gartenlandschaft des Klosters St. Koloman in Stockerau fällt der mächtige Betonkoloss im ersten Moment gar nicht auf. Und auch die Steyler Missionsschwestern haben längst ihren Frieden mit dem „bösen" Bunker geschlossen.

Der Name erinnert uns an ein schreckliches Ereignis: Anno 1012, am 17. Juli, soll hier der irische Königssohn Koloman das Martyrium erlitten haben. Man hielt den auf der Pilgerschaft ins Heilige Land befindlichen Wanderer für einen böhmischen Spion, nahm ihn fest, folterte ihn tagelang und erhängte ihn schließlich, so die Überlieferung, zwischen zwei Mördern an einem Holunderstrauch. An seinem Grab sollen sich zahlreiche Wunder ereignet haben, der Ermordete, bis 1663 Landespatron von Österreich ob und unter der Enns, wurde zu einem der populärsten Heiligen Europas.

Der wundersame Holunderbaum, so haben wir gelesen, soll im Garten des Klosters noch immer stehen und sogar Blüten austreiben, doch wir sind einem anderen Geheimnis auf der Spur: einem geheimen, der Öffentlichkeit nicht zugängigen *Lost Place*, der sich hinter Klostermauern verbirgt – ein Hinweis von Heimatforscher Reinhard Graf hat uns zu ihm geführt. Das Kloster St. Koloman,

Provinzhaus der Steyler Missionsschwestern, befindet sich direkt in Stockerau. Hornerstraße 75 ist die genaue Adresse. Hier betreiben die Klosterschwestern den erwähnten, von außen nicht einsehbaren, gepflegten Klostergarten. Eine Idylle, die die ehrwürdigen Schwestern zu keiner Jahreszeit missen möchten – die grausame Geschichte vom Heiligen Koloman vergisst man hier gerne. Doch in dieser wunderbaren Umgebung befindet sich ein unglaubliches Kriegsrelikt. Ein echter *Lost Place*. Ein Bunker aus dem Zweiten Weltkrieg! Ja, ein Bunker den man eigentlich in dieser so angenehmen und harmonischen Gartenlandschaft nie vermutet hätte.

Die Ordensschwestern präsentieren uns einige Fakten aus der Zeit des Nationalsozialismus. Es werden uns ein Teller und ein Löffel mit Hakenkreuz gezeigt, die hier zurückgelassen wurden. Im Krieg enteignete man die Klosterschwestern und warf sie aus dem Kloster raus!

Der Bunker ist ein mächtiges Bauwerk. In der warmen Jahreszeit von Pflanzen umwuchert, fällt er im ersten Moment gar nicht gleich auf. Über 70 Jahre ständig der Witterung ausgesetzt, haben ihn Regen und Frost bereits sehr stark mitgenommen. Es fehlt ein Dach, eine Verkleidung. Der Beton löst sich an vielen Stellen auf und das eindringende Wasser verursacht bei der Frostsprengung einen massiven Schaden am gesamten Baukörper. Das Objekt weist zwei Eingänge auf. Einer befindet sich im Norden und der zweite im Süden. Beide Eingänge sind durch eine massive Betonwand, den sogenannten Splitterschutz, geschützt. Die Bunkertüren sind noch vorhanden. Elektrisches Licht gibt es hier drinnen nicht.

Im Inneren befindet sich in den beiden größeren Räumen ein aus Brettern gefertigter Fußboden. Die Räume sind heute leer und werden zum Abstellen von diversen für den Garten benötigten Gerätschaften genutzt. Ein etwas kleinerer Raum erweckt jedoch unsere Aufmerksamkeit. Hier steht ein elektrischer Kachelofen, gleich daneben eine sehr gut erhaltene Lüftungsanlage der Firma Dräger aus der Zeit der Erbauung. Die Luftverteilerrohre, die Ventile und auch die Überdruckanzeigen sind alle noch vorhanden. Der mit zwei Meter starken Außenmauern gebaute Bunker weist keine unterirdischen Bereiche auf.

Eine der Ordensschwestern erzählt uns ausführlich über das Schicksal des Klosters während der Nazizeit, vor allem über die Rücksichtslosigkeit, mit der die Wehrmacht gegen das Ordenshaus vorging.

Besonders freuen wir uns jedoch über ein Abschiedsgeschenk der Schwestern: einen herzhaften Butternuss-Kürbis für jeden von uns!

↓
Hornerstraße 75
2000 Stockerau

→ Massives Mauerwerk war für den oberirdischen Bau notwendig: Grundrissplan des Bunkers im Klostergarten.

Luftschutzbunker

im Garten des
Klosters St. Koloman
Hornerstraße 75
2000 Stockerau

Planaufnahme:
R. Bouchal, W. Frühwirth
F. Krepler, M. Weber

Plan: R. Bouchal
Juli 2013

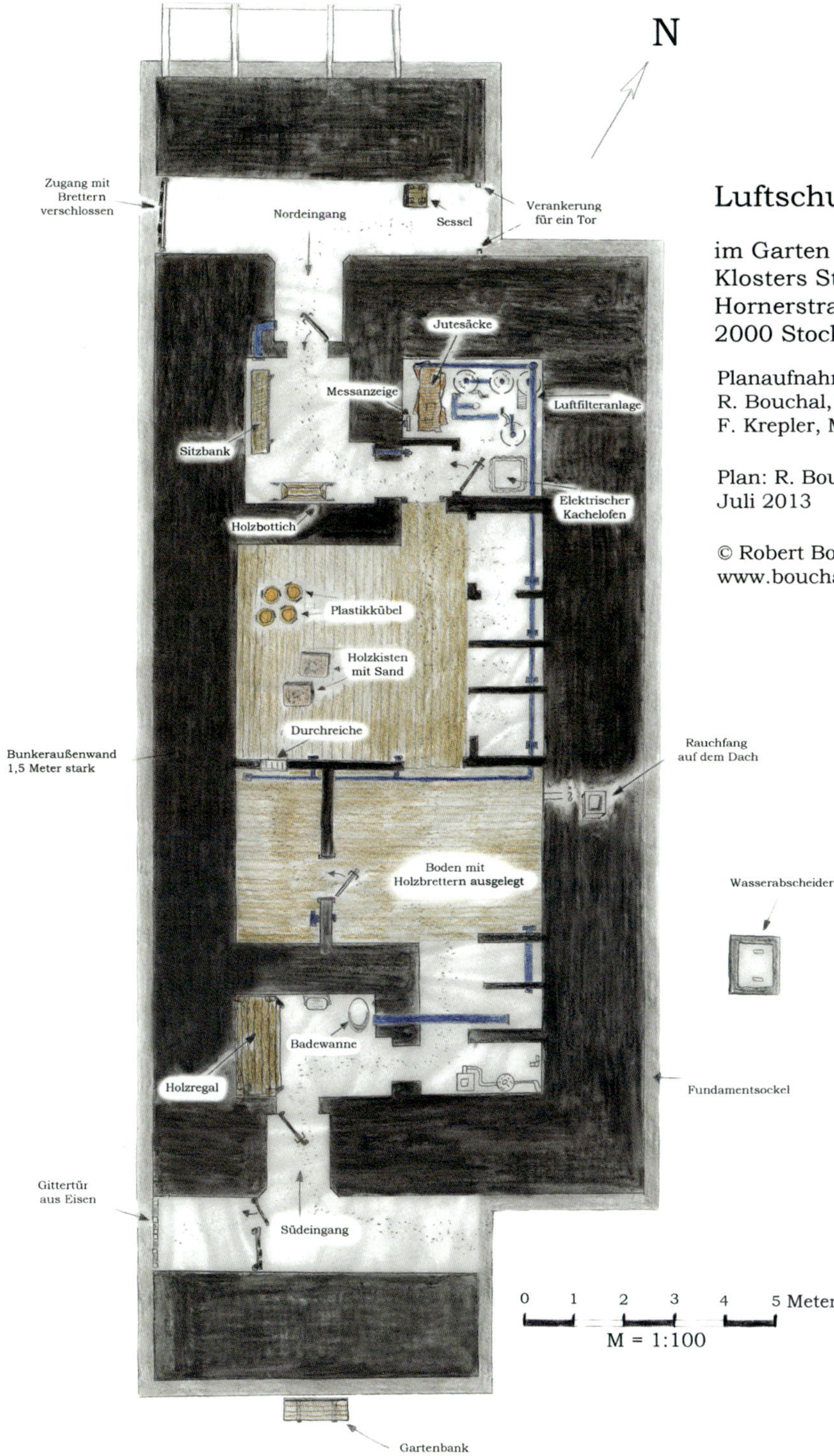

KLOSTER UND KOLOSS

Es ist ein Bauwerk, wie man es sich für einen Garten nicht wünscht. Schon gar nicht für einen Klostergarten. Das kümmerte jedoch die Wehrmacht, die das Ordenshaus der Steyler Missionsschwestern für sich rekrutierte, wenig. Man enteignete das Kloster und warf die Schwestern raus. Vor den Bomben jedoch wollte man sich schützen und so errichtete man kurzerhand einen Betonkoloss mit zwei Meter starken Außenmauern und einem massiven Splitterschutz bei beiden Eingängen. Ein *Lost Place* des Krieges, der jedoch nicht ganz nutzlos ist: Die Ordensschwestern lagern hier ihre prachtvollen Kürbisse.

• • • • •

SCHIESSKANAL DER DEUTSCHEN LUFTWAFFE AM FLUGPLATZ VÖSLAU-KOTTINGBRUNN

Wir halten in der Nähe des langgestreckten Baus in der nordwestlichen Ecke des Flugplatzes, das typische „ruppige" Aussehen des Betons verrät uns sofort, dass wir ein Relikt aus dem Krieg vor uns haben. Einmal mehr sind wir beeindruckt von dem gewaltigen Aufwand, der von den Nazis für die Kriegsrüstung betrieben wurde. Wir wollen uns das Gebäude auch von innen ansehen und gehen zum Eingangstor – wir haben Glück, es ist offen.

Heute hat hier eine Gruppe von ambitionierten Flugzeugliebhabern das Austrian Aviation Museum eingerichtet. Ein Museum, in dem jedoch auch flugfähige Flugzeuge instandgehalten werden. Einst hatte man die neu produzierten Jagdflugzeuge zum Einschießen der Bordwaffen hierhergebracht. Man konnte mit Hilfe dieses Schießkanals die Kanonen genauestens justieren. Die Flugzeuge wurden hierfür mit Hilfe einer Vorrichtung vor dem Eingang zum Schießkanal in Flugposition gebracht. So aufgebockt, ratterte dann die Kanone los und feuerte ihr Projektile bei laufendem Motor auf eine große Zielscheibe ab. Dies führte man so lange durch, bis das Trefferverhalten das gewünschte zielgenaue Ergebnis aufwies. Die Geschosse landeten, nachdem sie die Zielscheibe durchdrungen hatten, hinter dieser in einem großen Kugelfang, der mit Sand befüllt war. Der Sandhügel ist heute noch vorhanden, er bildet den Abschluss der Anlage.

Der Schießkanal in Vöslau-Kottingbrunn ist eine der wenigen Anlagen dieser Art, die heute noch existieren, ein Lost Place, der durch die Nachnutzung als Museum vor dem Verfall geschützt scheint.

↓

Flugplatz Vöslau-Kottingbrunn
2540 Bad Vöslau

↖ Dem Bug eines Schlachtschiffes aus einem Endzeitfilm gleichend steht er bis heute noch da: der Schießkanal auf dem Flugplatz Vöslau-Kottingbrunn.

← Wo heute alten Flugzeugen ein wohlbehütetes Ausgedinge geschenkt wird, rasten einst die Projektile der Bordkanonen hindurch und schlugen dann im Sandbett des Kugelfangs ein.

Das letzte Geheimnis im Wald von Heiligenkreuz

Ein monströses Bauwerk im Wienerwald, ein Betonungetüm abseits der Wanderwege, das völlig in Vergessenheit geraten ist: das letzte Zeugnis von Hitlers Reichsautobahn Salzburg–Linz–Wien.

Wie sonst nur wen'ge Werke von Menschenhand,
der Pyramiden ewiges Mal vielleicht.
Vielleicht die Bauten noch des alten Rom (...)
Josef Weinheber,
Ode an die Straßen Adolf Hitlers

Der Wienerwald ist wohl eines der am besten dokumentierten Waldgebiete Niederösterreichs. Die „grüne Lunge" der Millionenstadt Wien wird zu jeder Jahreszeit gerne aufgesucht, viele haben ihre Lieblingsplätze und -wege, hier, in der vertrauten Umgebung, schöpfen sie Kraft und tanken Energie für die Mühen des Alltags. Viele, sehr viele Wanderführer beschreiben Wege und Pfade. Dennoch gibt es Zonen, in die sich seltsamerweise kein Wanderer verirrt. Egal, zu welcher Jahreszeit – hier ist so gut wie kein Besucher anzutreffen. Niemand kommt hierher, denn die klugen Guides schweigen darüber. Ja, auf den ersten Blick gibt es hier tatsächlich nichts zu sehen und nichts zu erleben. Keine Labstelle winkt

dem Hungrigen, keine malerische Waldlichtung mit wundervollem Aussichtspunkt lockt zum Verweilen.

Genau so ein Punkt im Niemandsland des großen Waldes ist das Ziel unserer Erkundungstour. Pater Severin Wurdack, der Kämmerer und Küchenmeister von Stift Heiligenkreuz, begleitet uns mit Oberförster Wilhelm Dullnig von der Forstverwaltung des Klosters durch den Wald. Wir sind froh, dass wir nicht zu Fuß gehen müssen: Die Reifen des Allradfahrzeuges graben sich tief in den vom vielen Regen der vergangenen Tage aufgeweichten Boden. Es geht bergauf und gleich darauf wieder hinunter, wir werden kräftig durchgeschüttelt. Mit einem Schlüssel öffnet der Oberförster das Schloss des Schrankens, der uns den weiteren Weg in den Wald versperrt. Dann kämpft sich der Geländewagen tiefer hinein in den Forst. Wir passieren mehrere Weggabelungen und einen Hochstand, der schmale Waldweg endet schließlich auf einer kleinen Lichtung.

Neugierig blicken wir uns um: Neben einer kleinen Teichanlage fällt uns ein großes Bauwerk aus Beton ins Auge – wir werden wie magisch davon angezogen. Was ist denn das? So etwas hat hier im Wald nichts verloren! Wer hat das errichtet und zu welchem Zweck?

Wir betrachten das rätselhafte Betonungetüm näher: Vor uns ragt aus dem Waldboden eine hohe Steinmauer, in deren Mitte sich ein hölzernes Tor befindet. Neben diesem Tor sind zwei eiserne Frachtcontainer abgestellt. Hier, inmitten eines im Verborgenen liegenden Bereichs des Wienerwaldes, wo weit und breit kein Wanderweg vorbeiführt, liegt ein monströses Bauwerk, das völlig in Vergessenheit geraten ist: ein letztes Zeugnis von Hitlers Reichsautobahn.

Wohl niemand, der bei der Errichtung dieses unheimlichen Gebildes dabei gewesen ist, ist heute noch am Leben. Es waren Zwangsarbeiter, Menschen, die Tag für Tag unfreiwillig in den Wald marschieren mussten, um hier mit Schaufel und Spaten für die Vision der Nazis zu schuften. Zwangsarbeiter aus den nahe liegenden Lagern in Heiligenkreuz, Sattelbach und Sittendorf waren angehalten, die notwendigen Vorarbeiten für ein gigantisches Werk zu leisten. Der „Führer" wollte sie so schnell als möglich verwirklicht sehen: die Reichsautobahnen, die als „größte Bauleistung der Welt" in die Geschichte eingehen sollten. Noch in tausend Jahren, den Pyramiden Ägyptens und der Chinesischen Mauer gleich, sollten die „Straßen des Führers" von der Größe ihres Erbauers künden: „Diese Bauwerke sollen nicht gedacht sein für das Jahr 1940, auch nicht für das Jahr 2000, sondern sie sollen hineinragen gleich den Domen unserer Vergangenheit in die Jahrtausende der Zukunft", schrieb Fritz Todt, Generalinspektor für das deutsche Straßenwesen und treibende Kraft hinter dem Autobahnbau, 1937.

HITLER LÄSST DIE REICHSAUTOBAHN BAUEN

Blenden wir zurück: 7. April 1938. Es ist ein grauer, regnerischer Morgen, dennoch ist ganz Salzburg auf den Beinen: Der „Führer" ist in der Stadt. „Endloser Jubel empfängt ihn, Frauen weinen, Hände strecken sich ihm entgegen und Schritt um Schritt nur erkämpft das Auto sich den Weg hinaus ins Freie" (*Illustrierte Kronen-Zeitung*, 8. April 1938), 30.000 sind gekommen, um ihn zu sehen. Drei Tage vor der Volksabstimmung über den „Anschluss" Österreichs an das Deutsche Reich setzt Hitler am Walserberg mit dem ersten Spatenstich zum Bau der Reichsautobahn Salzburg–Linz–Wien ein Signal: Die neuen Herren halten, was sie versprechen, und verlieren keine Zeit: „Wir werden auch hier sofort mit der Tat anfangen", sagt der „Führer" vollmundig in seiner Rede und nimmt seinen zuständigen Fachmann Fritz Todt in die Pflicht: „Sie, Herr Generalinspektor, sind mir verantwortlich dafür, daß nicht nur heute begonnen, sondern daß binnen drei Jahren diese erste große Strecke vollendet sein wird. (...) Ganz Deutschland wird dadurch ein neues Band erhalten." Der Bau der Reichsautobahn nach Wien wird zum Symbol für die Einheit des „Großdeutschen Reiches", das Ergebnis der Volksabstimmung am 10. April mit dem Baubeginn bereits vorweggenommen. Auch für die perfekte Inszenierung ist gesorgt: Als Hitler mit dem Satz „Ich beginne nunmehr

→ Von der „Pyramide für die Ewigkeit" blieb nur ein einsamer Rest im Wald: Der Zugang zum Durchlass ist fast schon völlig verdeckt.

selbst das Werk!" den Spaten hebt, fallen, wie der *Völkische Beobachter* fasziniert berichtet, „auf der Höhe des Hügels die meterdicken Bäume und geben den Blick hinaus ins Reich frei." Die *Reichspost* zählt inzwischen mit: „Schippe um Schippe der dunklen Erde" hebt der „Führer" hoch und wirft sie in den Kippwagen, insgesamt bückt er sich sieben Mal, dann steht er da, „die Füße auf den Boden gestemmt, mit Stolz und Ergriffenheit", hinter ihm „schaffen die Arbeiter", Trompeten schmettern, Reichsstatthalter Seyß-Inquart ergreift das Wort: „Der Blick in alle Gaue des Reiches ist offen! Österreichs Volk dankt Ihnen, mein Führer."

Nicht weniger begeistert kommentiert der *Welser Anzeiger*: „Das Reichsautobahnnetz ist das größte Bauwerk aller Zeiten. Die Welt beneidet uns darum. Deutsches Volk, sei stolz auf dieses Werk des Führers." Die *Illustrierte Kronen-Zeitung*, die von einem „hohen, weihevollen Feiertag" spricht, weiß auch schon über Details Bescheid: Die Strecke Wien–München soll auf der neuen Autobahn in nur viereinhalb Stunden *(sic!)* zu bewältigen sein, in der ersten Bauphase sollen 15.000 Arbeiter eingesetzt werden, eine erste „Bauabteilung" sei bereits am 20. März in Linz eingerichtet worden, weitere in Salzburg, St. Pölten und Wien sollen folgen. Der Autobahnbau wird zum Wundermittel gegen die Arbeitslosigkeit erklärt: „Alle Arbeitslosen des Bezirkes finden auf drei Jahre Arbeit durch den Bau der Reichs-Autobahn", liest man etwa in den *Mödlinger Nachrichten.*

FRITZ TODT FINDET EINE „SCHÖNE LINIE"

Es ist die umsichtige verdeckte Arbeit von Fritz Todt, die Hitler diesen Spatenstich drei Wochen nach dem „Anschluss" ermöglicht: Schon seit dem Sommer 1937 laufen die Planungen für den Bau einer „RAB Salzburg–Linz–Wien", dass der Nachbar Österreich noch ein souveräner Staat ist, kümmert die Nazi-Technokraten wenig, und auch das Schuschnigg-Regime reagiert auf diese Einmischung nicht – Todt kann 1937 unbehelligt nach Wien reisen und hier Sondierungsgespräche führen. Wenige Tage vor dem Auftritt Hitlers am Walserberg, am 28. März 1938, versammelt Todt im Marmorsaal des Wiener Heeresministeriums am Stubenring die österreichischen Landesbauräte und verkündet ihnen die Richtlinien des deutschen Straßenbaus: Dieser sei eine „Kulturaufgabe im großen", im „Glauben an die Zukunft des Reiches" würde man sich vom alten „haushaltsrechtlichen Denken" lösen und großzügig für die Finanzierung sorgen.

Das Projekt der NS-Autobahnbauer sieht schließlich vor, die Trasse nicht direkt nach Wien zu führen, sondern etwa 25 Kilometer vor Wien nach Süden zu schwenken. Das Ziel der Strecke, die in etwa dem Verlauf der heutigen Wiener Außenringautobahn (A 21) folgt, soll ein mächtiger Autobahnknoten südöstlich von Wien sein, in dem drei weitere geplante Reichsautobahnen münden sollen: die Strecken Wien–Graz–Klagenfurt, Wien–Nickelsdorf–Ungarn und Wien–Brünn–Breslau. Dass auch die Tschechoslowakei noch ein unabhängiger Staat ist, stört in dieser Vision des zukünftigen deutschen Autobahnnetzes niemanden. Wie das neue Konzept aussieht, erklärt Fritz Todt schon sehr früh bei der Eröffnung der Ortsumfahrung von Opladen im September 1933: „Wir wollen unser Ziel weit vor uns sehen, wir wollen gerade und zügig dem Ziel zustreben. Kreuzungen überwinden wir, unnötige Windungen sind uns fremd. Ausweichen wollen wir nicht, wir schaffen uns genügend Bahn zum Vorwärtskommen. Und wir brauchen eine Bahn, die uns gestattet, ein zu uns passendes Tempo einzuhalten. So bauen wir im Dritten Reich die Straßen, so erziehen wir die Menschen, so errichten wir das ganze nationalsozialistische Reich." Steigungen sollten 8 % nicht überschreiten, Geländeeinschnitte durch Brücken und Dammaufschüttungen überwunden werden, für die langgezogenen Kurven wurde ein Krümmungshalbmesser zwischen 600 und 1800 m definiert.

Mit der Trassierung durch den Wienerwald beauftragt Todt einen seiner Mitarbeiter, den Münchner „Reichslandschaftsanwalt" Alwin Seifert, der, ausgerüstet „mit ein paar Farbstiften, einem Zirkel, einem Maßstab und den wenigen Karten, die ich beim Artaria in der Kärntner Straße in Wien hatte kaufen können, in nur drei Tagen diesen Autobahnabschnitt fertig entwirft, schwärmerisch spricht er von „der schönsten Zufahrt, die eine Großstadt in Europa überhaupt haben kann: bei Gießhübl sollte die Autobahn hoch oben aus dem Wald heraustreten, der Blick plötzlich frei über die östliche Steppe nach Ungarn hineingehen und zweihundert Meter tiefer die Stadt liegen mit ihren Türmen und

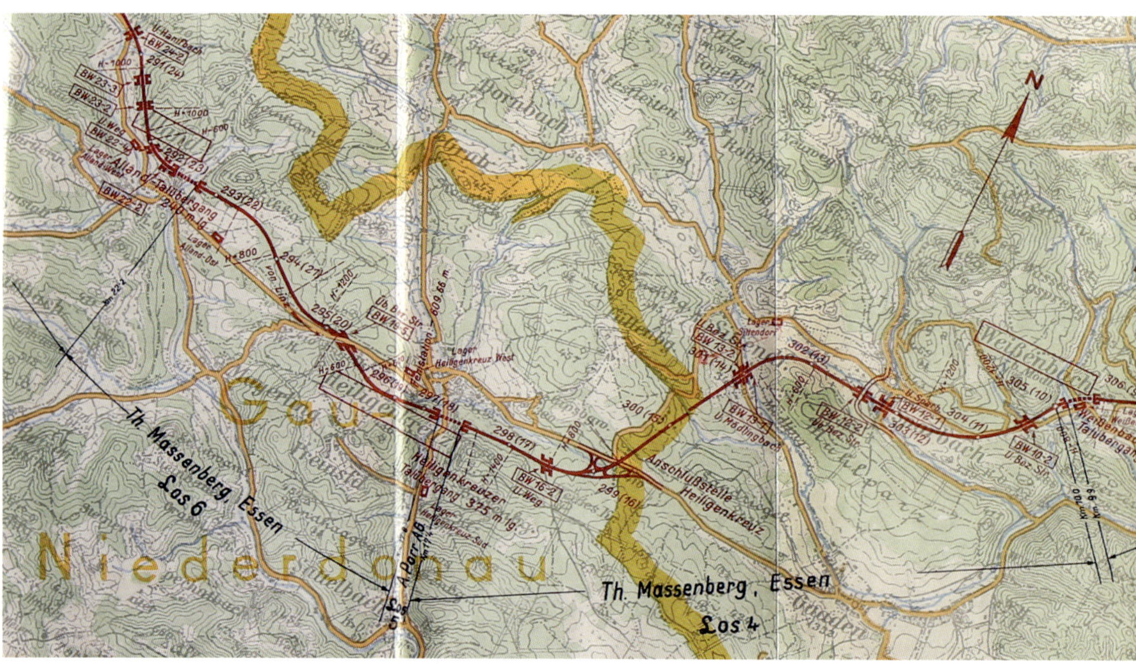

Schlössern und dem abendlichen Lichtermeer" *(Alwin Seifert, Ein Buch für die Landschaft)* – Impressionen, die jeder Autofahrer kennt, der heute über die A 21 hinunter in den Großraum Wien rollt. Seifert rühmt sich jedenfalls in seiner Erinnerung damit, dass auch die „richtigen Absteckttrupps" der österreichischen Techniker mit „Wagen, Fahrern und Instrumenten" keine „bessere oder schönere Linie" finden konnten, mit den Kollegen aus der „Ostmark" habe er in „bester Kameradschaft" zusammengearbeitet.

Fritz Todt ist mit dem Vorschlag des Herrn Reichslandschaftsanwalts einverstanden, schlägt jedoch eine Änderung im Raum Heiligenkreuz vor, die für das altehrwürdige Zisterzienserkloster, das „mystische Herz" des Wienerwaldes, zur schweren Belastung werden könnte: Die „schöne Linie" der NS-Planer soll nun in unmittelbarer Nähe südlich des Stiftes geführt werden, geplant ist eine direkte Abfahrt zur Abtei, eine Brücke soll den Taleinschnitt überqueren. Über die Folgen für den Ordenssitz macht sich Todt keine Gedanken, passt doch diese Vorgangsweise perfekt in die Strategie der neuen Herren: Der neue Mythos, die Reichsautobahn, unterwirft sich die Mythen von gestern. Ein neues nationales, unvergängliches Kunstdenkmal soll entstehen, das nicht unbedingt nach „Gesichtspunkten des Rechnungshofs" (Franz W. Seidler) beurteilt werden soll.

Ohnmächtig gegenüber dem „Moloch" RAB muss sich das Stift den Plänen beugen, die „Oberste Bauleitung" der RAB, die ihren Sitz in der Kleinen Sperlgasse 5 in Wien hat, duldet keinen Widerspruch, entsprechend knapp und fordernd sind auch die Schreiben an die Stiftsverwaltung abgefasst, in denen

↓ Nur für den Dienstgebrauch der Obersten Bauleitung Wien vorgesehen: die geplanten Bauabschnitte der Reichsautobahn im Grenzbereich der Gaue Niederdonau und Wien.

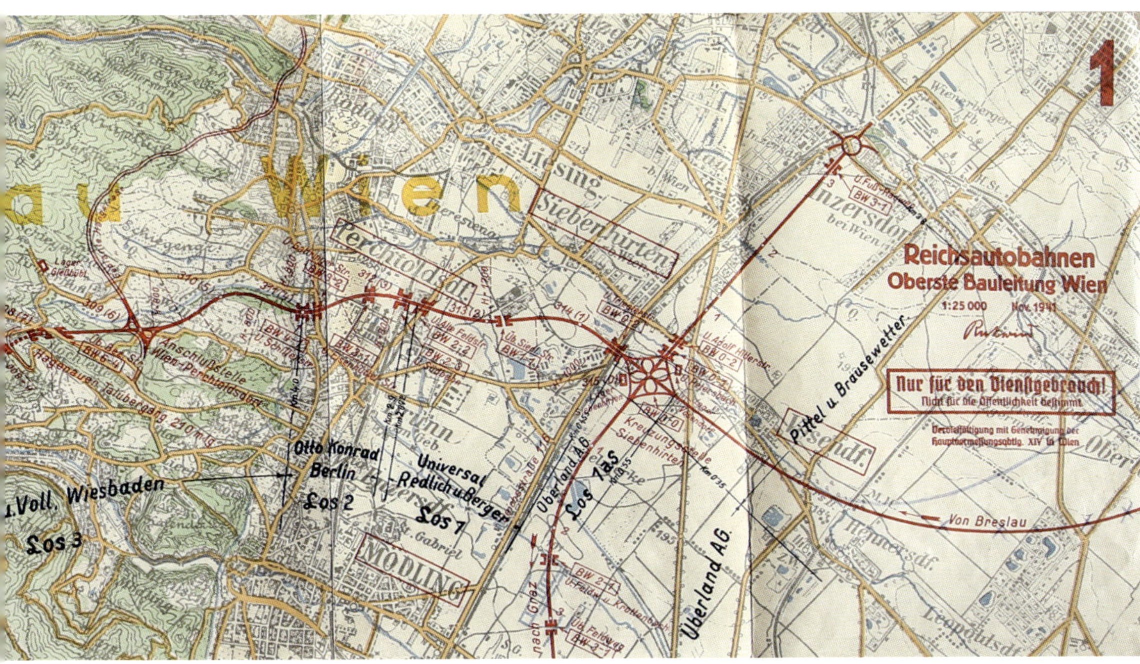

sie den Erwerb diverser Grundstücke „ankündigt". So heißt es in einem Brief vom 27. Mai 1939: „Ihre Grundstücke Prz. Nr. 646/2 und 84/1 in der KG Heiligenkreuz werden für den Bau der RAB in Anspruch genommen. Die Entschädigung im Betrag von RM 700,- für 70 Stück Schwarzkiefern gelangt in den nächsten Tagen als Barzahlung an Ihre Adresse." *(Zitiert nach Paulus Niemetz, Die projektierte Autobahnbrücke bei Heiligenkreuz)* Grundstücke des Stifts in den Gemeinden Alland, Gaaden, Heiligenkreuz und Sittendorf wechseln so den Besitzer, die RAB zahlt zwar pünktlich die vereinbarten Kaufpreise, bald aber sehen sich die Mönche mit Bauarbeiten in nächster Nähe konfrontiert. Mit der erwähnten Parzelle 84/1 haben sie auch den ehrwürdigen Konventgarten an die RAB abgetreten, in dem einige Pfeiler für den geplanten Talübergang errichtet werden sollen, 1941 beginnen hier die Bauarbeiten, durchgeführt von der Porr AG. Im Zuge der „friedlichen Arbeitsschlacht" (Fritz Todt) wird die Gartenmauer abgerissen, die Obstbäume werden entfernt und große Baugruben für die Pfeilerfundamente ausgehoben, ein Probepfeiler wird errichtet.

Wo man einst Stille und Frieden des Klosters genießen konnte, wachsen nun Baracken für die Zwangsarbeiter aus dem Boden – im Oktober 1940 wird in der Südwestecke des Stiftshofs ein Kriegsgefangenenlager eingerichtet, französische, serbische und schließlich auch russische Kriegsgefangene müssen hier für Fritz Todts Projekt arbeiten. Da der Platz knapp ist, werden 1941 auch im Konventgarten Baracken aufgestellt, dazu kommt, dass zahlreiche Räume im Sift von deutschen Umsiedlern, vor allem aus Bessarabien und der Dobrudscha, belegt werden. Bereits zu Ostern 1939 hat der Bau des Zwangsarbeiterlagers Schächerkreuz/Allanderhöhe begonnen, das ab dem Sommer 1940 in sechs Baracken etwa 380 Kriegsgefangene beherbergt. 1941 folgt noch die Errichtung des Lagers Hofwiese/Sattelbach, das zu einem Ort des Todes wird: Eine Typhusepidemie fordert unter den hier zur Sklavenarbeit gezwungenen serbischen Kriegsgefangenen ca. 50 Tote.

Die RAB braucht immer mehr Platz – auch die an den Konventgarten anschließende „Schießwiese" und andere Flächen müssen schweren Herzens an sie veräußert oder verpachtet werden, darunter auch sechs Parzellen in Sittendorf, die bisher an Sittendorfer Bauern verpachtet waren – hier soll nun ebenfalls ein „Arbeiterlager" entstehen, der RAB wird das Recht eingeräumt, über die „genannten Flächen wie ein Eigentümer" zu verfügen. Die Reste der Baracken-Schornsteine erinnern heute noch an das Sittendorfer Lager, in dem französische Kriegs-

↗ Noch herrscht Aufbruchstimmung: Die Hakenkreuzfahne weht über dem Reichsautobahnlager „Otto Planetta" bei Klausen-Leopoldsdorf.

← Eines der wenigen erhaltenen Fotos vom Bau der RAB: der Eingang zum „Reichsautobahnlager" Weissenbach.

gefangene und später auch serbische Zivilinternierte festgehalten wurden. Auch hier sind die sanitären Zustände katastrophal, es kommt zu zahlreichen Typhus-Todesfällen.

Als im März 1942 der Vertrag der RAB mit der Porr AG über die Errichtung des Talüberganges Heiligenkreuz überraschend gekündigt wird, kündigt die Porr AG ihrerseits den mit dem Stift geschlossenen Mietvertrag über die Benützung von Grundstücken, die Bauarbeiten werden eingestellt. Vergeblich pocht das Stift auf die im Vertrag vereinbarte „Wiederherstellung des früheren Zustandes", in einem Schreiben vom 28. Mai 1942 weist man die Kündigung zurück, allerdings erfolglos. Es bleibt bei der ohnmächtigen Klage über die entstandenen Schäden: „Wir haben bestimmt an der Abtretung eines großen Teils unseres Obst- und Gemüsegartens und der guten Schießwiese keine Freude gehabt, taten dies aber, weil wir uns der Notwendigkeit nicht verschließen konnten." *(Zitiert nach Paulus Niemetz, Die projektierte Autobahnbrücke bei Heiligenkreuz)* Am 15. März 1943 werden die Arbeiten an der RAB-Trasse eingestellt, die Zwangsarbeiterlager Schächerkreuz und Hofwiese sowie die Baracken im Konventgarten abgebrochen. Fritz Todt ist zu diesem Zeitpunkt schon tot – er kommt am 8. Februar 1942 bei einem Flugzeugabsturz in der Nähe des Führerhauptquartiers „Wolfsschanze" ums Leben – Hitler ordnet ein pompöses Staatsbegräbnis an.

DER LANGE KAMPF GEGEN DIE RAB-BRÜCKE

Die Porr AG zieht nicht zur Gänze ab, sondern unterhält bis Kriegsende am Ufer des Sattelbaches ein kleines Barackenlager; der Probepfeiler im Konventgarten und andere Betonbauten bleiben als „Erinnerung" an das Autobahnprojekt stehen. Der Ärger ist für das Stift Heiligenkreuz damit aber noch lange nicht ausgestanden, denn auch die „Liquidierungsstelle im Staatsamt für öffentliche Bauten, Übergangswirtschaft und Wiederaufbau" sieht 1945 keine Möglichkeit, das Stift bei den „vorgesehenen Erdbewegungen und Vermauerung" zu unterstützen, man wisse auch nicht, ob und in welcher Weise die Autobahn Wien–Salzburg weitergebaut werde. Der

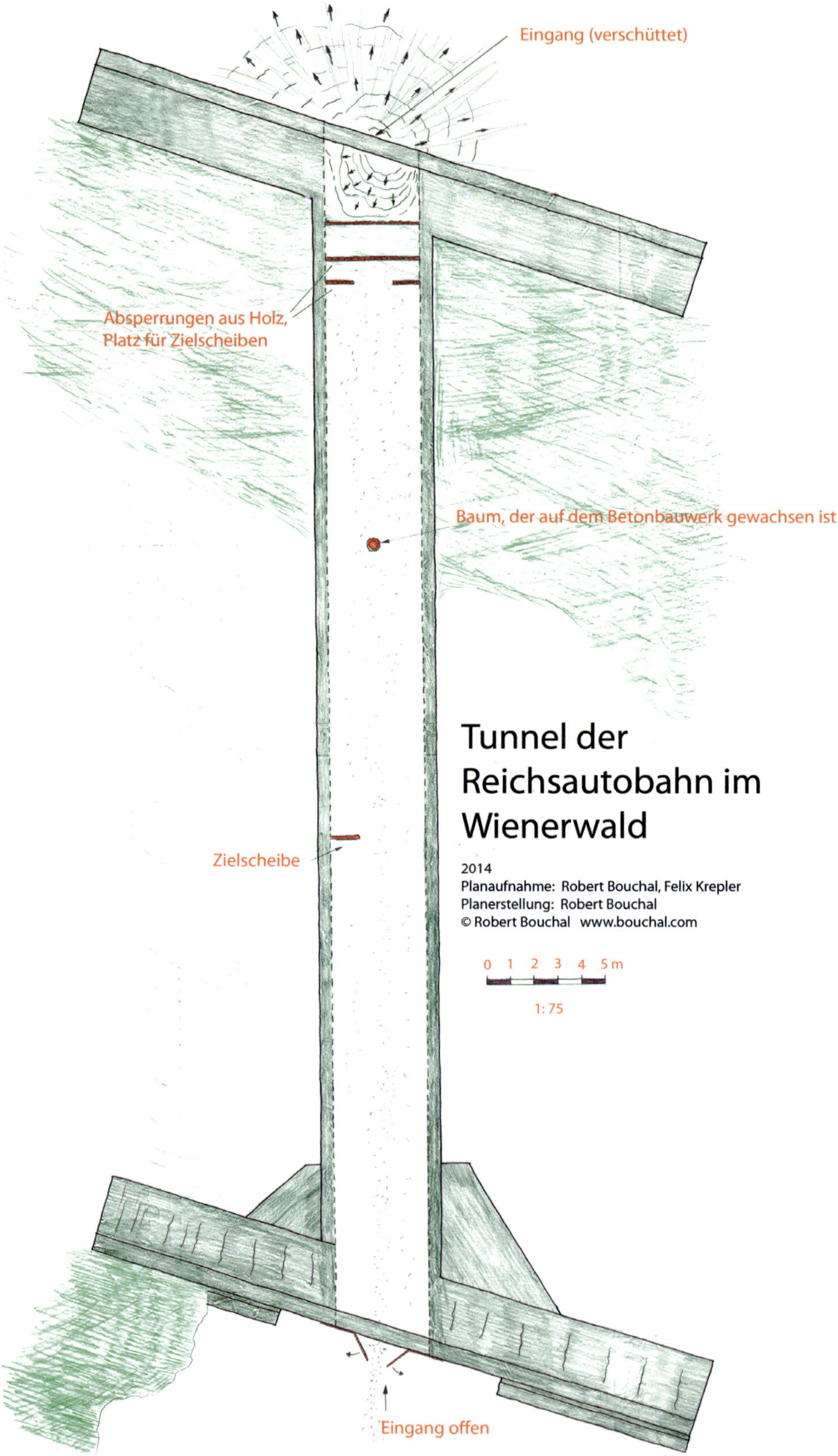
Eingang (verschüttet)
Absperrungen aus Holz,
Platz für Zielscheiben
Baum, der auf dem Betonbauwerk gewachsen ist
Tunnel der
Reichsautobahn im
Wienerwald
2014
Planaufnahme: Robert Bouchal, Felix Krepler
Planerstellung: Robert Bouchal
© Robert Bouchal www.bouchal.com
0 1 2 3 4 5 m
1:75
Zielscheibe
Eingang offen

← Nach Fertigstellung der Reichsautobahn wäre das mächtige Bauwerk unter Tonnen von Erde verschwunden.

→ Hinter dem Soldaten der Wehrmacht ist er noch zu erkennen: der im Konventgarten von Stift Heiligenkreuz errichtete Probepfeiler. Am 17. September 1982 wurde er gesprengt.

Rat der Liquidierungsstelle: Das Stift soll sich selbst und „provisorisch“ um diese Arbeiten kümmern – Fazit: Es geschieht vorerst nichts, die zerstörte Gartenmauer des Klosters wird nicht wiederhergestellt.

Die wahre „kalte Dusche“ folgt erst Jahre später: Auf Grund des Staatsvertragsdurchführungsgesetzes tritt mit 1. Juli 1957 die Bundesstraßenverwaltung, vertreten durch das Amt der Niederösterreichischen Landesregierung, in die alten Kaufverträge mit den Reichsautobahnen ein. Basierend auf diesen Verträgen beharrt das Land Niederösterreich bei der Planung der „Außenringautobahn“ (A 21) auf die alte RAB-Trasse – ein Vorhaben, gegen das sich das Stift nun verzweifelt zur Wehr setzt. Der jahrelange Streit eskaliert im Herbst 1968: Landeshauptmann Andreas Maurer erscheint persönlich mit seinem Baustab im Stift und erklärt, dass die Autobahnbrücke so gebaut werde, wie es die „Oberste Bauleitung“ 1939 vorgesehen habe, der *Express* titelt daraufhin am 14. November 1968: „Zisterziensermönche unterliegen im Kampf gegen die Technik – Autobahn-Südring gefährdet nun das Stift“. Obwohl eine Änderung der Planung kaum mehr möglich scheint, wollen die Mönche dennoch nicht aufgeben, das Kapitel des Stifts beschließt dem Verkauf der angeforderten Grundstücke nicht zuzustimmen – das Land Niederösterreich droht daraufhin dem Stift 1974 sogar mit einem Enteignungsverfahren, 22,3 Hektar Stiftsgrund sind davon betroffen. Ein Umdenken bringt erst ein Fachgutachten des angesehenen Architekten Roland Rainer, der darin klar feststellt: „Es kann wohl kein Zweifel darüber bestehen, daß eine etwa 250 m von der Kirche, dem Mittelpunkt der Klosteranlage, gebaute Autobahn sowohl die religiösen und kulturellen als auch die Funktionen des Stiftes als Erholungsziel unmöglich machen würde. (…) Auch das Landschaftsbild wird durch die geplante Autobahnbrücke aufs empfindlichste entstellt werden: Ein Bauwerk von der Höhe des Wiener Ringturmes, aber 350 m breit, riegelt mit zahlreichen lotrechten Pfeilern das Tal hinter dem Stift ab. Ebenso hoch wie die Kirchturmspitze und um ein Vielfaches breiter als die Klosteranlage, wird sie diese zu einem Nebengebäude der Autobahn degradieren.“ *(Zitiert nach Friedrich Hödlmoser, Die projektierte Autobahnbrücke beim Stift Heiligenkreuz, 3. Teil der Dokumentation)* Rainer scheut sich auch nicht, den politisch-historischen Aspekt anzusprechen: Die Entscheidungen eines Dr. Todt „können nicht mehr Grundlage heutiger Ausführungen bilden“. Die Argumente Rainers wirken: Am 8. Jänner 1975 genehmigt das Bundesministerium für Bauten und Technik das alternative Projekt „Nordtrasse 1974“, das schließlich auch gebaut wird. Das Land Niederösterreich zieht im Februar 1975 den Enteignungsantrag zurück, 1976 erhält Stift Heiligenkreuz die von der RAB angeforderten Grundstücke zurück.

MOOS AUF DEM BETON: EIN LOST PLACE DER RAB

Wir umwandern das aus Natursteinen und Unmengen von Beton errichtete Bauwerk, das in einer Senke des Waldes liegt. Laub, viel Laub bedeckt hier den Boden. Über sieben Jahrzehnte nach seiner Errichtung sind hier überall Bäume gewachsen. Selbst auf dem Bauwerk hat sich bereits ein mächtiger Baum festgeklammert – der Wald verschließt allmählich die Wunden, die man ihm geschlagen hat. Der graue, an vielen Stellen mit dichtem Moos bedeckte Beton scheint jedoch nichts von seiner Festigkeit verloren zu haben. Wie ein ausgegrabener, ja freistehender Bunker, der für uns nun gut sichtbar geworden ist, stellt sich dieser *Lost Place* der RAB in der Form eines gewaltigen „H“ dar. Das Bauwerk, so der Plan, sollte nach seiner Fertigstellung mit Tonnen von Erde überdeckt, darüber dann die Autobahntrasse gelegt werden. Die nach der geplanten Fertigstellung sichtbaren Teile dieses Bauwerkes gestaltete man ganz bewusst aus Natursteinen – sie sollten die „zeitlos-ewige Monumentalität“ (Erhard Schütz/Eckhard Gruber) der RAB signalisieren, ihre Planer sahen sich der „Schönheit“ und „Naturgemäßheit“ verpflichtet. Man war aber auch pragmatisch: Der Rest wurde in hartem Beton ausgeführt.

Welchen Zweck hatte diese einem Bunker ähnelnde Röhre? Es handelt sich dabei um einen sogenannten „Durchlass“, der ein gefahrloses Unterschreiten der Autobahntrasse von der einen auf die andere Seite ermöglichen sollte. Nachdem die ursprünglich geplante Streckenführung aufgegeben worden war und die letztendlich als „Westautobahn“ (A 1) errichtete Verbindung eine völlig neue, direkte Route nach Wien eingeschlagen hatte, war dieses vorbereitende Bauwerk obsolet geworden. Auf Grund und Boden von Stift Heiligenkreuz gelegen, zeugt dieses unglaubliche Relikt heute von den enormen Anstrengungen, die unternommen wurden, um den Wunsch Hitlers nach dem „einigenden Band“ möglichst rasch zu verwirklichen.

An einer Seite der Röhre ist heute ein Tor angebracht worden. Wie unsere beiden Begleiter erzählen, nutzten früher einige Jäger diesen verlassenen Tunnel als Schießkanal. Eine Verwendung, die der geradlinigen Bauweise sehr gut entspricht. Eine Nachnutzung, von deren Existenz allerdings nur wenige Eingeweihte wissen.

Wir wollen uns jedenfalls auch das „Innenleben“ des Betongiganten genauer ansehen: Oberförster Wilhelm Dullnig öffnet uns das zweieinhalb Meter hohe Tor, durch das wir das Überführungsbauwerk betreten. Die tunnelartige Röhre weist keine funktionierende elektrische Beleuchtung auf. Die innere Scheitelhöhe wurde, wie für Regelbauwerke dieser Art üblich, mit vier und die Sohlenbreite ebenfalls mit vier Metern bemessen. Im Tunnel selbst – es ist sein ganz persönliches geheimes Reich – bewahrt der Oberförster einige Dinge auf. Einige Heurigentische und dazu passende Holzbänke sind hier zum Schutze vor der winterlichen Witterung abgestellt worden. Wir durchschreiten den Tunnel und gelangen alsbald an der linken Seite zu einem Holzvorbau, auf dem eine mit einer elektrischen Beleuchtung versehene Zielscheibe montiert ist. Den Gang bis an sein hinteres Ende durchschreitend, gelangen wir neuerlich zu zwei Bretterwänden, die offenbar ebenfalls für das Montieren von Zielscheiben genutzt wurden. Eine Bretterwand teilt hier den gesamten Tunnel in seiner vollen Breite. An einer Seite wurde der Tunnelausgang mit Erde verschüttet. Eine kleine Öffnung ist mit einem Betongitter gesichert worden und lässt uns so den Ausgang des Durchlasstunnels erkennen. Die Frischluftzufuhr scheint intakt zu sein. Es herrscht eine natürliche Bewetterung. Ein- und Ausgang wurden jedoch mit Erde armiert und so eine Art Sicherheitsbarriere für das Schießen auf die Zielscheiben geschaffen.

Wir sehen uns draußen noch genauer um und entdecken auf dem Waldboden rund um diesen Durchlasstunnel einiges an Gerätschaften, die hier zurückgelassen wurden. Dazu gehören mehrere Eisenklampfen, der Rest einer Eisensäge, die Hälfte eines Hufbeschlages eines Ochsen, mehrere Metallbeschläge und ein Taschenmesser. Eine genaue Vermessung des im Wald vergessenen Betonriesen ergibt die beachtliche Tunnellänge von 51 Metern – daraus können wir auf die Breite der geplanten Autobahntrasse schließen.

Die genaue Trassenführung von Wien in Richtung Westen war wie ausgeführt bis ins kleinste Detail geplant. Durch einen Zufall gelangen wir für wenige Minuten zu der Möglichkeit, ein Originaldokument in den Händen zu halten und davon Kopien machen zu dürfen – ein geheimer Plan der Reichsautobahn liegt vor uns.

Zeitzeugen berichten uns bis heute, dass sie neben solch großen Bauwerken wie diesem nun im Wald verborgenen Durchlass auch in den bedeutend kleineren, nur für die Ableitung des Regenwassers erbauten Tunneln vor den Angriffen der Alliierten Schutz gesucht haben. Diese schmalen Tunnel sind bis heute vorhanden und haben ihre Funktion zur Ableitung des Regenwassers beibehalten. Während des Krieges wurden sogar von einem Tischler Holzbänke bereitgestellt, auf denen zusammengekauert die Menschen die angekündigten Luftangriffe abwarten konnten. Heute sind diese Betonröhren mit runden Schachtdeckeln verschlossen.

Eine Reminiszenz an den Bau der Reichsautobahn befindet sich heute noch auf dem Dachboden von Stift Heiligenkreuz: ein Modell der geplanten Trassenführung. Die einst gefeierte Vision von der „Pyramide“ des Dritten Reichs verstaubt hier langsam. Der Probepfeiler im Konventgarten wurde am 17. September 1982 gesprengt.

→ „Erinnerungszeichen Barackenlager“: Die stehengebliebenen Schornsteine an der Straße nach Heiligenkreuz sind die letzten Zeugen des Zwangsarbeiterlagers in Sittendorf.

EIN BAU FÜR DIE JAHRTAUSENDE

Die Reichsautobahn, so die Vision Hitlers, sollte als die „größte Bauleistung der Welt“ in die Geschichte eingehen. Den Pyramiden gleich sollte sie noch nach Jahrtausenden von der Größe ihres Erbauers künden. Fritz Todt, der Generalinspektor für das deutsche Straßenwesen, trieb den Bau der Strecke Salzburg–Linz–Wien unmittelbar nach dem „Anschluss“ mit großer Energie voran, hatte ihm doch der „Führer“ nur drei Jahre Zeit gegeben. Kriegsgefangene und Zwangsarbeiter wurden in Lagern zusammengefasst und angehalten, die ersten Vorarbeiten zu leisten. Die Trasse sollte unmittelbar an Stift Heiligenkreuz vorbeiführen, Proteste dagegen waren sinnlos. Als einsames „Fossil der Dauer“ verblieb dieser 51 Meter lange Durchlass im Wald des Klosters.

• • • • •

Thalheim

DIE POST- UND PFERDEWECHSEL-STATION IN PERSCHLING

Das markante Gebäude an der Hauptstraße in Perschling, der alten Poststraße Wien–Linz, ist nicht zu verfehlen. Mitten im Ort steht es da, unverkennbar ein Relikt aus einer anderen Welt. Beim Anblick der gelb gestrichenen Biedermeierfassade ist die alte Postkutschenzeit wieder gegenwärtig: *Hoch auf dem gelben Wagen sitz ich beim Schwager vorn, vorwärts die Rosse traben, lustig schmettert das Horn,* fällt uns da ein, wir gedenken der Postillione und Kutscher, die auf ihren beschwerlichen Fahrten über Land kaum romantische Gedanken hegten.

Der Nürnberger Postmeister Karl Joseph, der auch die Posthäuser in Purkersdorf und Melk errichtete, soll das stattliche Gebäude mit dem Doppeladler am Giebel einst erbaut haben. Man erzählt sich, dass er für sein Personal besondere Sorge trug: Seinen Postillionen bezahlte er angeblich sogar den Friseur, damit sie reisende Damen nicht durch ihr ungepflegtes Äußeres abschreckten.

Auch wenn sich heute kaum jemand im Ort daran erinnert: Seit dem 16. Jahrhundert – eine Inschrift nennt das Jahr 1578 – hielten in Perschling die Postkutschen, um frische Pferde vorzuspannen. Wenn die hochrädrigen, schaukelnden Gefährte aus Sieghartskirchen oder St. Pölten, den beiden nächsten Stationen an der Poststraße Wien–Linz, hier eintrafen, musste alles vorbereitet sein: Für die erschöpften Pferde gab es Futter, für den Notfall standen im Stall einige Pferde zum Wechseln bereit. Kleine Reparaturen an der Kutsche wurden sofort durchgeführt, hatte ein Pferd ein Eisen verloren, so musste der Hufschmied kommen und das Pferd neu beschlagen. Nicht zuletzt durfte es den Gästen an nichts fehlen: Für Essen und Trinken musste gesorgt sein und einige Zimmer für die Nacht bereitstehen. Der Postmeister hatte also alle Hände voll zu tun.

↓

Thalheimerstraße 2
3142 Perschling

Das denkmalgeschützte Gebäude befindet sich in Privatbesitz, eine Besichtigung ist nur von außen möglich.

↖ Noch wachen der Doppeladler und die Statuen aus der Goldburg in Murstetten über das alte Postmeister-Haus in Perschling. Ein traditionsreiches Haus mit langer Geschichte, das leider zu wenig Beachtung findet!

← Langsames Versinken in der Zeit: Die Patina des Verfalls hat diesen stilvollen Sessel nicht verschont.

Schicksalsort Schloss Pottendorf

Innerhalb weniger Jahrzehnte verwandelte sich der einst imposante Ansitz der Familie Esterházy in eine Ruine. Erst in jüngster Zeit versucht man in gemeinsamer Anstrengung, dem weiteren Verfall dieses geschichtsträchtigen Palastbaus Einhalt zu gebieten.

Es ist ein Ort, an dem österreichische Geschichte geschrieben wurde und der dennoch fast vergessen ist. Von seinem Lager in Pottendorf aus zog der letzte Babenberger Friedrich II., genannt der Streitbare, am 15. Juni 1246 in die verhängnisvolle Ungarnschlacht an der Leitha, die ihn das Leben kostete. Und zum Schauplatz einer dramatischen Episode wird die alte Wasserburg an der Fischa im Morgengrauen des 6. September 1670: 200 Dragoner unter dem Befehl eines Grafen Urschenbeck tauchen vor dem Ansitz auf, ihr Auftrag: die Gefangennahme des Burgherrn Ferenc Nádasdy, des Vizepalatins und obersten Richters Ungarns. Nádasdy, erst seit 1665 im Besitz von Pottendorf, wird der Verschwörung gegen den Kaiser bezichtigt, Leopold I. selbst hat die Aktion befohlen. Die Dragoner nehmen die Burg im Handstreich, ein Bediensteter verrät das Geheimversteck seines Herrn, der nur mit einem Nachthemd bekleidet festgenommen und von Urschenbeck nach Wien gebracht wird, zuvor

plündern seine Dragoner noch die Ortschaft. Das Sondergericht, geleitet von Hofkanzler Johann Paul Hocher, kennt keine Gnade: Nádasdy wird zum Tode verurteilt und in der Bürgerstube des Alten Rathauses enthauptet.

Der Besitz des „Verräters" wird eingezogen, 1702 erwirbt Gundacker Thomas Graf Starhemberg (1663–1745) pfandweise die Herrschaft Pottendorf und lässt die Burg 1738 umbauen. Unter der Leitung von Johann Lucas von Hildebrandt oder Franz Anton Pilgram verwandelt sich die alte Grenzburg in ein barockes Lustschloss, aus dem bisher dreistöckigen Gebäude wird ein zweistöckiges, unverändert bleiben nur die beiden mächtigen mittelalterlichen Buckelquadertürme, die Wahrzeichen des ehemaligen Wehrbaus.

1803 kauft Fürst Nikolaus II. Esterházy das Schloss, das Wappen der Familie Esterházy über dem rundbogigen Portal an der Südfassade dokumentiert bis heute diesen neuen Besitzstand. Dem Geschmack der Zeit entsprechend, lässt der Fürst die barocke Gartenanlage in einen „modernen" Landschaftsgarten umwandeln, die mächtigen Baumriesen, die wir heute auf dem Parkgelände bestaunen dürfen, wurden wohl damals angepflanzt. Jahrzehntelang völlig verwildert, ist der von der Gemeinde Pottendorf erworbene und mit viel Sorgfalt neu gestaltete Park – er wurde im August 2009 wiedereröffnet – inzwischen zu einem Freizeitparadies geworden.

Nikolaus Fürst Esterházy ist aber auch Unternehmer und beteiligt sich mit 13 anderen Adeligen und Bankleuten an der Finanzierung und Errichtung der Pottendorfer Baumwollspinnerei, der ersten Maschinenspinnerei in Österreich. Er stellt den Grund für den Bau des Fabrikgebäudes zur Verfügung. Bis zur Fertigstellung des Werks werden die neuen Spinnmaschinen, entwickelt vom englischen Fachmann Johann Thornton aus Yorkshire, im Schloss aufgestellt und hier auch prompt in Probebetrieb genommen. Die k. k. privilegierte Garn-Manufaktur in Pottendorf beschäftigt zehn Jahre

↗ Der Ausdruck „Ruine" ist berechtigt: In den noch vorhandenen „Räumlichkeiten" herrscht eine unbeschreiblich trostlose Atmosphäre des Untergangs.

← Ein Bild aus besseren Tagen: das Schloss im Jahr 1944. Ein Bombentreffer richtet zwar Schaden an, dennoch bleibt die Frage: Wie konnte es dazu kommen, dass dieses Juwel, Teil des kulturellen Erbes Österreichs, innerhalb weniger Jahrzehnte so devastiert wird?

nach ihrer Gründung 1802 bereits 1.800 Menschen und produziert jährlich 600.000 kg Garne – die größte Baumwollgarnspinnmanufaktur der Habsburgermonarchie.

Als 1938 die Nazis kommen, sind Ladislaus Esterházy (1905–2000) und seine Frau Marietta, geborene Gräfin Erdödy, Eigentümer von Schloss und Herrschaft Pottendorf. Sie ziehen es vor, Hitlerdeutschland zu verlassen und ihren Wohnsitz nach Ungarn zu verlegen, angeblich lassen sie zahlreiche kostbare Kunstgegenstände wie Wandgemälde und Bodenvasen zurück, die in der Folge verschwinden. Auch die große Bibliothek wird offenbar aufgelöst – beschlagnahmt von den Nazis?

Nach Kriegsende 1945 quartieren sich russische Soldaten im Schloss ein, die Räume sind leer, aber noch ist das Gebäude völlig intakt, nur ein Zubau zwischen der Kapelle und den Türmen ist durch einen Bombentreffer am 30. Mai 1944 zerstört worden. Inzwischen ist auch Ladislaus Esterházy mit seiner Familie aus Ungarn zurückgekehrt, er und seine Angehörigen finden im Jägerhaus des Schlosses, Badener Straße 18, eine Unterkunft und leben hier bis 1961. Das Schloss wird 1955 von den Sowjets geräumt und steht in der Folge leer – die Stunde der Vandalen ist damit gekommen: Es beginnt die Plünderung des Schlosses durch die Bewohner von Pottendorf und Umgebung. Gestohlen wird alles, was irgendwie brauchbar erscheint – von den kostbaren Holzfußböden bis zu den Kupferleitungen; Jugendliche feiern „wilde Feste“ und zerstören mutwillig die verbliebenen Einrichtungen. „Aus einem wunderschönen Schloss wurde binnen weniger Jahre eine Ruine.“ *(Hans Leopold, Menschen, Zeiten,*

Erlebnisse) Erste Rettungsversuche scheitern, auf einem der beiden Türme kann Ende der 1960er Jahre zumindest das Dach neu eingedeckt werden. Kostbare Zeit verstreicht – erst 2016 entschließen sich Bundesdenkmalamt, Niederösterreichische Landesregierung und die Marktgemeinde Pottendorf in gemeinsamer Anstrengung zu einer „Teilsanierung" der Schlosskapelle.

Die Kapelle, so haben wir den Eindruck, lässt sich wohl renovieren, auf der Baustelle wird mit großem Einsatz und Knowhow gearbeitet, sorgfältig rekonstruiert man die Details. Doch was tun mit dem Hauptgebäude? Hier ist der Verfall weit fortgeschritten, wir haben tatsächlich eine Ruine vor uns. Das Dach und die Räume im ersten Stock sind längst in sich zusammengestürzt, nur die Balkenlöcher im bröckelnden Mauerwerk und der massive steinerne Treppenaufgang erinnern noch an den Glanz des ehemaligen Palastes; aus den Schuttkegeln wachsen Bäume und Sträucher. Die Außenmauern mit den leeren „Fensterhöhlen" stehen zwar noch und vermitteln bis heute einen grandiosen Eindruck von der ehemaligen Schönheit des Schlosses, doch wenn nicht schnell gehandelt wird, werden auch sie einstürzen. Vom Verfall betroffen sind auch die beiden Buckelquadertürme, das Dach des nördlichen Turms ist bereits verrottet, und der endgültige Zerfall, sollte nichts unternommen werden, ist nur mehr eine Frage der Zeit. Ein österreichischer Gedächtnisort wäre – mit Ausnahme der Kapelle – für immer verloren.

Robert ist nicht das erste Mal hier und erzählt mir das Abenteuer seiner frühen Bekanntschaft mit diesem imposanten *Lost Place* des alten Adels: „Begonnen hat alles im Sommer 1991, als uns ein Tischler namens Norbert berichtet, dass es in Pottendorf ein Wasserschloss geben soll, von dem man munkelt,

→ Im Karner unter dem Altarstein der Schlosskapelle, die nun umfassend restauriert wird.

dass es einen unterirdischen Geheimgang besitzen soll. Dieser soll beachtliche Ausmaße aufweisen. Als Größenangabe wird uns das klassische Maß aller Burgen und Schlösser genannt: Der Gang soll so breit sein, dass ein Pferdefuhrwerk darin umdrehen kann. Durch diese Geschichte neugierig geworden, beschließen Christian und ich, das Schloss in Pottendorf aufzusuchen, um diesen Gang zu finden und ihn zu dokumentieren. Als wir einige Tage später vor dem Eingang zum Schlosspark stehen, blicken wir in ein undurchdringliches Dickicht von Bäumen und Unkraut. Der Park ist so verwildert und voller Schlingpflanzen, dass wir das Schloss gar nicht sehen. Wir kämpfen uns durch den Dschungel, der von Dornensträuchern dominiert wird. Als wir endlich das Tor des Schlosses erreichen, sehen wir an der Wand neben dem Eingang einen großen Löwenkopf. Dieser wird einige Zeit später nicht mehr vorhanden sein. Viel später erfahren wir, dass das verwahrloste Schloss, bei dem es so gut wie keine Kontrolle gab, von vielen Menschen aufgesucht und alles, was nicht niet- und nagelfest ist, geplündert worden ist. Die Leute haben alles, was sie nur tragen konnten, herausgerissen und die eigenen Gärten damit verziert und geschmückt. Das Schloss der Esterházy wurde zum Selbstbedienungsladen – vor allem für Sammler, die sich hier nach Belieben bedienen konnten.

Über das Eingangstor steigen wir dann in die Ruine ein. Das Dach ist schwer beschädigt und die Balken der einzelnen Stockwerke sind bereits abgefault und herabgestürzt. Wir beginnen in dem Gewirr von eingestürzten Decken und verfallenen Stiegenhäusern den Zugang zu diesem angeblich vorhandenen unterirdischen Gang zu suchen. Fast zwei Stunden sind wir damit beschäftigt, bis wir schließlich in die Kapelle gelangen. Dort entdecken wir links unter dem Altarstein ein Loch im Fußboden. Wir zwängen uns durch das enge Loch, in der Hoffnung, hier endlich diesen Gang finden zu können. Hier unten ist der Boden mit Laub bedeckt, wir haben nur sehr wenig Platz. Zwischen der Decke und dem Raumboden vermögen wir gerade kniend in gebückter Haltung zu verharren. Als wir mit unseren Füßen das Laub zur Seite streifen, sehen wir plötzlich viele Knochen. Menschliche Gebeine! Wir liegen beide auf einem Berg von Menschenknochen! An einer Stelle klafft ein Loch im Haufen der Gebeine. Hier hat jemand etwas gesucht! Totenschädel? Wertvolle Grabbeigaben? Wir befinden uns an der obersten Stelle eines Karners. Schnell kriechen wir wieder aus dem Loch heraus. Das war bestimmt nicht der Zugang zu dem so heiß gesuchten Gang! Mit der Erkenntnis, dass hinter kleinen Löchern viele tote Menschen liegen können, verlassen wir das Grundstück, das zum damaligen Zeitpunkt wirklich im Dornröschenschlaf lag."

↓

Schloss Pottendorf
Johann-Zisser-Straße 12
2486 Pottendorf

DIE STUNDE DER VANDALEN

Das traurige Schlusskapitel der Geschichte von Schloss Pottendorf erzählt von Plünderung und Devastierung: Nachdem Ladislaus und Marietta Esterházy ihren Besitz Richtung Ungarn verlassen hatten, machten sich die Nazis im Schloss breit, zahlreiche Kunstgegenstände und wohl auch die große Bibliothek verschwanden. 1945 quartierten sich die Sowjets in das damals noch völlig intakte Gebäude ein. Nach ihrem Abzug 1955 begann die Ausplünderung des Schlosses durch die Bewohner der Umgebung – dass hier ein kostbares kulturelles Erbe zerstört wurde, schien niemanden zu interessieren. Auch der wunderbare Löwenkopf an der Außenfassade, den wir noch fotografieren konnten, ist inzwischen verschwunden – er ist wohl von einem „Liebhaber“ barocker Skulpturen „gerettet“ worden.

• • • • •

DER SELTSAME HASCHAHOF AM RANDE DER STADT

Er liegt so richtig am Rande der Stadt, im „Stadtentwicklungsgebiet". Der große Haschahof in Rothneusiedl, das letzte Gutsgebäude Wiens. Um die Jahreswende 2015/16 ist das charakteristische Backsteingebäude, ein *Lost Place* der Wiener Landwirtschaft, in aller Munde, die Wogen gehen hoch – es soll abgerissen werden! Auf den Feldern des historischen Gutshofes wurde von 1987 bis 2015 ein Selbsternteprojekt betrieben, auf gepachteten Parzellen konnte man nach den Richtlinien des biologischen Landbaus – Verzicht auf künstlichen Dünger und auf Schädlingsbekämpfungsmittel sowie genmanipuliertes Saatgut – Obst und Gemüse anbauen. Dann kam plötzlich das Ende für dieses Projekt: Der Haschahof wurde an den Wohnfonds Wien verkauft, der Ende 2015 den Abbruch des gesamten Ensembles – immerhin zehn Gebäude umfassend – beantragte. Das Vorhaben rief nicht nur die Denkmalschützer auf den Plan: Im Jänner 2016 besetzten Aktivisten der „Evolutionären Randgruppe" (kurz „Evora") das Gebäude, ihre Forderungen: „Wir verlangen, die ungenutzten Grünzonen Wiens zu benutzen und zu beleben, weil wir gegen Leerstand, Spekulation und den Ausverkauf von in Gemeindebesitz befindlichen Gütern sind. Deshalb fordern wir ein Grundstück mit Häusern und großen Grünflächen für die Verwirklichung unserer gemeinsamen Interessen."

Mit einem Flyer warben die Besetzer um Unterstützung: „Hallo liebe Nachbarinnen und Nachbarn. Wir, Evora, sind in den Haschahof eingezogen und wollen damit unseren Protest gegen die kurzsichtige Verbauungspolitik und deren anscheinende Aufwertungspolitik ausdrücken. Menschen leben auf der Straße, Häuser stehen leer und die wertvolle Ressource Boden wird versiegelt?? Nicht mit uns!! Kommt vorbei, lernt uns kennen und bildet euch eure Meinung."

↓

Liesingbachstraße, Rosiwalgasse 211
1100 Wien

↖ Umstrittene Backsteingebäude: der aus der Zeit um 1900 stammende Haschahof in Rothneusiedl.

← Der landwirtschaftliche Zweckbau besitzt durchaus auch ästhetische Qualitäten.

→ Im Einer der Einstiege in den Splitterschutzdeckungsgraben hinter dem Haschahof.

Außen ein Turm, innen ein Traum: Schloss Michelstetten

Wer heute durch den kleinen Weinviertler Ort Michelstetten fährt, wird von der Existenz dieses einzigartigen Bauwerks nichts bemerken. Ein verborgenes kreisrundes Wasserschloss gibt so manches Rätsel auf.

Inmitten grüner Wildnis, versteckt hinter einer unscheinbaren Mauer in der kleinen Ortschaft Michelstetten, Gemeinde Asparn an der Zaya, liegt die Ruine des ehemaligen Sinzendorf-Schlosses – ein *Lost Place* der Feudalwelt Altösterreichs, der uns von versunkener Herrschaft und Macht kündet und uns wie kein anderer die Zerbrechlichkeit und Verwundbarkeit der alten Schlossbauten bewusst werden lässt. Es ist ein verwunschener, magischer Ort, erfüllt von seltsamer Anziehungskraft. Niederösterreichs „schönstes und berühmtestes Wasserschloß", so schwärmt Otto Stradal, soll es einst gewesen sein und noch immer ein wundersamer Ort für jeden, der „alte Mauern richtig zu schauen weiß!" *(Zitiert nach Otto Stradal, Es steht manch Schloß in Österreich.)*

Wir befinden uns im Zentrum von Michelstetten, nur einige hundert Meter unterhalb der altehrwürdigen romanischen Wehrkirche, dennoch umgibt Stille die zerborstenen Mauern des Renaissancewasserschlosses. In der Abgeschiedenheit der Natur,

unsichtbar für alle, die um seine Existenz nicht wissen, dämmert es langsam seinem endgültigen Untergang entgegen. „Auch im Sterben ist Stil das letzte Gesetz" – dieser grandiose Satz von Gerhard Fritsch aus seinem Roman *Moos auf den Steinen* fällt uns beim Anblick seiner morbiden Schönheit wieder ein und wir müssen dem Schweizer Kunsthistoriker Heinrich Wölfflin Recht geben, der die malerische Schönheit von Ruinen in seinen *Kunstgeschichtlichen Grundbegriffen* (1915) mit dem Verlust der ursprünglichen „geometrischen Linien und Ordnungen" von Architektur erklärte: „Indem die Mauer bröckelt, indem Risse und Löcher entstehen und Gewächse sich ansetzen, entwickelt sich ein Leben, das wie ein Schauer und Schimmer über die Fläche hingeht", zusammen mit den „frei bewegten Formen der Natur, mit Bäumen und Hügeln", gehe so die Ruine eine „Bindung zu einem malerischen Ganzen" ein.

Ja, „Schauer und Schimmer" gehen über diesen höchst eigentümlichen Bau hin und wir können es kaum erwarten, dass uns der Eigentümer der Liegenschaft den Zutritt ermöglicht.

Noch gegen Ende des 19. Jahrhunderts soll er von Bediensteten der Gutsverwaltung und einigen armen Mietparteien bewohnt gewesen sein, doch schon Georg Binder spricht 1925 in seinem Buch über die Burgen und Schlösser Niederösterreichs von „fast einem Trümmerhaufen im Innern" und wir fragen uns, wie es dazu kommen konnte – offenbar hatte die Fürstenfamilie Reuß-Köstritz, die 1828 nach dem Tod des letzten Sinzendorf in die Besitzrechte eingetreten war, nach einem verheerenden Brand am 17. September 1893 beschlossen, das Schloss aufzugeben und alles auf das nahe Ernstbrunn zu konzentrieren. Die *Feuerwehr-Signale* vom 5. Oktober 1893 berichteten über die Katastrophe: „Der Ort Michelstetten wurde am 17. v. M. um halb zehn Uhr Vormittags von einem Brandunglück heimgesucht, das leicht bedeutende Ausdehnung hätte nehmen können, da ein großer Sturmwind herrschte. Abgebrannt sind das Schloß des Fürsten Heinrich IV. von Reuß-Köstritz sowie fünf Wirthschaftshäuser und zwei mit Frucht gefüllte Scheuern. Das Feuer dürfte durch ein achtjähriges taubstummes

↗ Schwalbenschwanzzinnen auf der mächtigen Rundmauer und geböschte Stützpfeiler erinnern an einen Wehrturm.

→ Ehemalige zum Schloss gehörige Wirtschaftsgebäude sind völlig verschwunden, ein kleiner Teich erinnert an ihren Standort.

Kind entstanden sein, das, da seine Eltern in der Kirche waren, allein im Hause verblieb. Der Schaden ist sehr bedeutend. Die genannten Gebäude standen nach kaum einer halben Stunde sämmtlich in Flammen. Der Umsicht der Bewohner sowie der Feuerwehren von Gnadendorf, Asparn a. d. Z., Niederleis und Ernstbrunn ist es zu danken, daß dieser Brand so schnell localisiert werden konnte." Wohl schon zuvor hatte man damit begonnen, wertvolle Gebäudeteile nach Ernstbrunn zu transferieren – so etwa auch den eindrucksvollen, sechseckigen Brunnen, der heute im Garten vor Schloss Ernstbrunn zu bewundern ist. Dem wissenden Betrachter erzählt der Skulpturenschmuck des Brunnens Wichtiges über die Besitzgeschichte des Michelstettner Ansitzes: Aus der Mitte des Brunnenbeckens erhebt sich eine ornamentierte Säule, die eine große Schale hält. Ein Atlas in der Mitte der Schale trägt einen Würfel mit den Wappenschildern der Familien Sinzendorf, Zinzendorf und Zelking – jener Adelshäuser, die das Schicksal des Schlosses und seiner Umgebung bestimmten. 1673 wurde die Herrschaft Michelstetten von Rudolf Graf von Sinzendorf, verheiratet mit Eva Susanna von Zinzendorf-Zelking, erworben.

ALBRECHT DÜRER ODER DOCH MALLORCA?

Ein Kupferstich von Georg Matthäus Vischer in der *Topographia* von 1672 zeigt Schloss Michelstetten in seiner ganzen Pracht – ein architektonisches Unikat in dieser Region nördlich der Donau, das durch die mächtige Rundmauer mit ihren Schwalbenschwanzzinnen und den geböschten Stützpfeilern an einen Wehrturm erinnert. Ein mögliches Vorbild könnte Schloss Rogendorf in Pöggstall gewesen sein, das um 1500 in den Besitz der Grafen von Rogendorf kam und einen kreisrunden, von Wasser umgebenen Festungsbau aufweist. Kurt Donin und andere Kunsthistoriker wiesen darauf hin, dass sich die Brüder Wilhelm und Wolf von Rogendorf beim Bau dieser Rundbefestigung eventuell auf eine Anregung Albrecht Dürers stützen konnten – der Künstler war mit den Brüdern Rogendorf persönlich bekannt und auch mit dem kaiserlichen Baumeister Johann Tscherte befreundet. Gelangte also beim Bau von Michelstetten eine Idee von Albrecht Dürer zur Umsetzung? Ein wichtiges Argument für die Rundbefestigung war sicherlich die latente Türkengefahr – so bestimmte man 1663 auch Michelstetten zum „Fluchtort“ für die Bevölkerung des flachen Landes.

Eine ganz andere Spur verfolgte die Wiener Kunsthistorikerin Renate Wagner-Rieger, bekannt durch ihr großes Forschungsprojekt zur Wiener Ringstraße. Sie wies in einem Aufsatz *(Unsere Heimat, 26. Jahrgang, 1955)* auf die frappierende Ähnlichkeit von Michelstetten mit dem Schloss Bellver in der Nähe von Palma di Mallorca hin. Bellver, erbaut knapp nach 1300 durch den spanischen Baumeister Pedro de Salvá, war das Wohn- und Lustschloss der Könige von Mallorca. So wie Michelstetten ist es ein kreisrunder Bau, der innen zweigeschossige Arkaden aufweist, und auch hier steigen die Pultdächer gegen die Umfassungsmauer an, die einzelnen Räume zwischen Mauer und Arkadengängen werden voneinander durch radial verlaufende Wände getrennt. Denselben „Baugedanken“, den Renate Wagner-Rieger mit der italienischen Hochrenaissance verknüpfte, habe auch das Schloss Karls V. in Granada, errichtet unmittelbar neben der Alhambra, aufgegriffen. Sie hielt es daher für möglich, dass im spanischen Gefolge von Ferdinand I., der 1521 die Herrschaft in den österreichischen Ländern antrat, auch Spezialisten waren, welche die „Bauidee“ von Bellver ihren österreichischen Kollegen vermittelten. Nicht zuletzt betonte Renate Wagner-Rieger die „kosmisch-symbolischen Bedeutungsinhalte“, die man dem Rundbau zuschreiben könne – so sei auch die Vorstellung vom Himmlischen Jerusalem von der Kreisform inspiriert gewesen. Das Fazit dieser Überlegungen: Michelstetten könnte eines der wenigen Denkmäler Österreichs sein, das „der intensiven politischen Verbindung zwischen Spanien und Österreich im 16. Jahrhundert künstlerischen Ausdruck verschaffte“.

JOSEPH HAYDN WAR HIER

Von den weitgespannten kunsthistorischen Höhenflügen zurück in die Weinviertler Wirklichkeit: Über eine steinerne Brücke erreichen wir das rundbogige Portal zum Schloss, das uns durch seine außergewöhnliche Form in den Bann zieht: Die Anlage ist Mitte des 16. Jahrhunderts vom damaligen Besitzer, einem gewissen Oswald Moor (oder *Mor*), über einen vieleckigen Grundriss errichtet worden und ersetzte eine mittelalterliche Burg, die 1426 urkundlich erwähnt wird und wohl auf das Herrschaftsgeschlecht der Michelstettner zurückgeht. Das Gebiet am Abhang der Leiserberge, auch daran müssen wir denken, ist uraltes Siedlungsland. Davon zeugen die Ringwallanlage auf dem „Steinmandl“, einem Nebengipfel des Buschberges, und ein Wehrbau auf dem Halterberg, beide aus neolithischer Zeit, sowie

← Der Kupferstich von Georg Matthäus Vischer aus dem Jahr 1672 zeigt Schloss Michelstetten in seiner ganzen Pracht.

← Ein verwunschener, magischer Ort: Versteckt in der Wildnis, entfernt sich das seltsame Schloss immer weiter in eine gleichsam unwirkliche Welt.

eine alte Sage, die davon erzählt, dass sich anstelle der heutigen Ortschaft hier einmal eine Stadt mit dem Namen „Sankt Michael" befunden habe – ein Hinweis auf die Bedeutung der Siedlung in alter Zeit. Das könnte auch der Ortsnamen signalisieren, bedeutete doch *michel* im Mittelhochdeutschen „groß". Verräterisch auch ein Flurname am Abhang des Steinmandl: Eine plateauartige Anhöhe wird die „alte Stadt" genannt, wohl der Standort einer keltischen Siedlung in der Latènezeit, wie Keramikfunde bezeugen. Der Name *michel stätten* („große Stätte") könnte damit durchaus im Zusammenhang stehen.

Nach dem Aussterben des Geschlechts der Moor gelangte das Schloss in den Besitz der Freiherren von Gera, die in Michelstetten den Protestantismus einführten. Lutherische Prädikanten wurden in die Ortschaft gerufen und erhielten im Schloss Quartier. Die neue Konfession erfreute sich Jahrzehnte hindurch großen Zulaufs, noch Jahre nach dem Dreißigjährigen Krieg waren die Katholiken in der Minderheit. Ein Jahr nach dem Erscheinen von Vischers *Topographia*, 1673, wurde das Schloss Teil des Sinzendorf-Imperiums im nordöstlichen Niederösterreich. Über die Ursprünge des architektonischen Konzepts machten sich die neuen Herren wohl keine Gedanken mehr, jetzt galt es, das Schloss gut in Schuss zu halten.

Wir aber stehen endlich im überraschend breiten Schlosshof. Von zweigeschossigen Arkadengängen umrahmt, fühlen wir uns wie in einem Amphitheater: 26 aus Ziegeln gemauerte toskanische Pfeiler, ein jeder 1,7 Meter hoch und 1,5 Meter im Umfang messend, umsäumen den Hof. Sie tragen die Korbbögen, über denen sich die Pfeiler des Hochgeschosses erheben. Die nach innen geneigten Pultdächer über den ehemaligen Wohnräumen sind verschwunden, ein Grund für den fortschreitenden Verfall der Anlage.

Kaum mehr vorstellbar, dass hier in diesem Schlosshof, so die Überlieferung, einst der fürstlich Esterházysche Kapellmeister Joseph Haydn mit seinen Musikern auftrat und „höchst empfindsam" für ein adeliges Publikum konzertierte. Einmal mehr wünschen wir uns den allmächtigen Zauberstab herbei, der diese versunkene Wirklichkeit noch einmal auferstehen lassen könnte.

↓

Schloss Michelstetten
Michelstetten 1
2151 Michelstetten

EIN SCHLOSS WIE EINE FESTUNG

In alter Zeit beherrschte das Schloss den Talkessel von Michelstetten. Es war das Wahrzeichen der Region und Zufluchtsort für die Bevölkerung des flachen Landes angesichts von Kriegsgefahr. Ein stolzer Eckpfeiler im Imperium der mächtigen Adelsfamilie Sinzendorf. In seiner Verwandlung zum *Lost Place* spiegelt sich der Untergang der feudalen Welt: Der einst weithin sichtbare Bau verschwand hinter einer Mauer beinahe vollständig aus dem Gesichtskreis der Öffentlichkeit, bröckelndes Mauerwerk zeugt vom Verfall der ehemals so wehrhaften Rundbefestigung.

• • • • •

LITERATURVERZEICHNIS

Aleida Assmann, Geschichte findet Stadt. In: Moritz Csáky und Christoph Leitgeb (Hrsg,), Kommunikation – Gedächtnis – Raum. Kulturwissenschaften nach dem „Spatial Turn“. Bielefeld 2009, S. 13–27

Erik Arnberger und Rudolf Wismeyer, Ein Buch vom Wienerwald. Wien 1952

Marc Augé, Orte und Nicht-Orte. Vorüberlegungen zu einer Ethnologie der Einsamkeit. Frankfurt am Main 1994

Klaus Bachmann, Von der Kavallerie zur Militärlogistik. Standortgeschichte, Formationsgeschichte und Traditionspflege der Heeresversorgungsschule und der Breitenseer Kasernen. Wien 2006

Senta Baumgartner · Othmar Pruckner, Die Gegend hier herum ist herrlich. Reisen zu Dichtern, Malern und Musikern in Niederösterreich. Wien 1996

Beschreibung des kais. Königl. Volksgartens, des Theseus-Tempels, der in demselben befindlichen Statue des Theseus, des Garten-Salons und des neuen Burgthores in Wien. Wien 1824

Georg Binder, Die Niederösterreichischen Burgen und Schlösser (2 Bde.). Wien–Leipzig 1925 II, 126 ff.

Anton Blaha, Erwin Breyner, Heinrich Jeitler, Robert Kollouch und Karl Schlehsl, Bewegte Zeiten. 100 Jahre Enzesfeld-Caro Metallwerke AG 1905–2005. Enzesfeld 2005

Falko Blask und Ariane Windhorst, Zeitreisen. Die Erfüllung eines Menschheitstraums. Reinbek bei Hamburg 2009

Bogdan Bogdanovic, Die Stadt als Symbol der Unsterblichkeit und der Tod der Stadt. In: Architektur der Erinnerung. Klagenfurt 1994, S. 17–50

Robert Bouchal und Josef Wirth, Verborgener Wienerwald. Wien 2003

Robert Bouchal, Höhlenfahrtenberichte aus dem Jahre 1998. Maria Enzersdorf 1998

Robert Bouchal und Johannes Sachslehner, Sagenhafter Wienerwald. Mythen · Schicksale · Mysterien. Wien 2007

Rudolf Büttner, Burgen und Schlösser zwischen Wienerwald und Leitha. Wien 1966

Rudolf Büttner, Renate Madritsch, Burgen und Schlösser vom Bisamberg bis Laa/Thaya. Burgen und Schlösser in Niederösterreich 14. St. Pölten-Wien 1987, 122 ff.

Mike Crang und Nigel Thrift (Hrsg.), Thinking Space. London und New York 2000 (= Critical Geographies, Bd. 9)

Barbara Christine Daser, „Wie's ihm ums Herz ist“. Hörfunk als Motor des NS-Staates. Radio in Österreich bis 1945, Diplomarbeit, Univ. Wien, Wien 2001

Reinhard K. Desoye, Die k. u. k. Luftfahrtruppe. Die Entstehung, der Aufbau und die Organisation der österreichisch-ungarischen Heeresluftwaffe 1912–1918. Wien 1994

Michael Dippelreiter, Bad Vöslau 1136–1986. Ein historischer Streifzug. Bad Vöslau 1986

Tim Edensor, Industrial Ruins, Space, Aesthetics and Materiality. Oxford · New York 2005

Franz Eppel, Kunst im Lande rings um Wien. Ein Kunstführer. Wien 1977

Viktor Ergert, 50 Jahre Rundfunk in Österreich. Band I: 1924–1945.

Wolfgang Fleischer, Das verleugnete Leben. Die Biographie des Heimito von Doderer. Wien 1996

Bradley C. Garrett, Explore Everything. Place-Hacking the City. Brooklyn · London · Paris 2013

Ute Georgeacopol-Winischhofer, Vom Arbeitshaus zur Großindustrie. Wien 1998

Großsender Bisamberg. In: Radio Wien, IX. Jg. (1933), Nr. 35, Sonderheft „Bisambergsender“, 26. Mai 1933, S. 11–46

Jürgen Hamel, Isolde Müller und Thomas Posch (Hrsg.), Die Geschichte der Universitätssternwarte Wien. Frankfurt am Main 2010

Fritz Hanauska, Heimatbuch der Marktgemeinde Hirtenberg. Hirtenberg 1980

Rudolf Hauptner, Dürer'sche Befestigungsbauten im nördlichen Niederösterreich. Das Waldviertel 51/2, Horn 2002, 155–177, 167 ff.

Wolfgang Häusler, Land zwischen Donau und Schöpfl. Ein Wegweiser zu Landschaft, Geschichte und Kultur des Tullnerfeldes und des nördlichen Wienerwaldes. Wien – München 1980

Friedrich Heer, Dunkle Mutter Wien. Mein Wien. Ein Essay. Wien 1978

Heimatbuch für den Bezirk Mödling. Herausgegeben vom Bezirksmuseumsverein Mödling. Wien 1956–1958

Heimatbuch für die Stadtgemeinde Bad Vöslau und die Gemeinde Gainfarn. Herausgegeben von der Stadtgemeinde Bad Vöslau und der Gemeinde Gainfarn. Wien 1957–1959

Heimatkunde des Bezirkes Baden. Herausgegeben vom Ausschuss für Heimatkunde des Bezirksschulrates Baden. Wien 1928

Rudolf Hertzka, Chronik der Großgemeinde Pottendorf. Pottendorf 1989

Friedrich Hödlmoser, Die projektierte Autobahnbrücke beim Stift Heiligenkreuz, 3. Teil der Dokumentation. In: Sancta Crux. Zeitschrift des Stiftes Heiligenkreuz, 38. Jahrgang (1976), S. 8–32

Joseph von Hormayr, Wien, seine Geschicke und Denkwürdigkeiten, Bd. II. Wien 1825

Dieter Jetter, Das europäische Hospital. Von der Spätantike bis 1800. Ostfildern 1987

Die neuen k. k. Kavalleriekasernen in Breitensee. In: Der Bautechniker 23 (1904), S. 462–464

Joseph Johann Knolz, Darstellung der Verfassung und Einrichtung der Baumwoll-Spinnerei-Fabriken in Niederösterreich. Wien 1843

Alfred Komarek, Rings um Wien. Gegenwelten zur Metropole. Wien 1996

Reinhart Koselleck, Zeitschichten. Studien zur Historik. Mit einem Beitrag von Hans-Georg Gadamer. Frankfurt am Main 2000

Eleonore Lappin, Ungarische Jüdinnen und Juden in Niederösterreich 1944/45. In: Eleonore Lappin, Susanne Uslu-Pauer und Manfred Wieninger, Ungarisch-jüdische Zwangsarbeiterinnen und Zwangsarbeiter in Niederösterreich. St. Pölten 2006, S. 7–102

Hans Leopold, Menschen, Zeiten, Erlebnisse. Erinnerungen von Bürgerinnen und Bürgern der Großgemeinde Pottendorf aufgeschrieben und ergänzt von Hans Leopold. 2 Bände. Ebreichsdorf 2009

Guido List, Deutsch-Mythologische Landschaftsbilder. 2 Bde. Berlin 1891

Maria Theresia Litschauer, Architekturen des Nationalsozialismus. Wien 2012

Martina Löw, Soziologie der Städte. Frankfurt am Main 2008

Karl Lukan, Das Wienerwaldbuch. Kulturhistorische Wanderungen. Wien-München 1980

Endre Marosi, Burgen im österreichisch-ungarischen Grenzraum. Eisenstadt 1990

Herbert Matis, Die Ansätze der Industrialisierung im Wiener Becken. In: Helmuth Feigl/Andreas Kusternig (Hrsg.), Die Anfänge der Industrialisierung Niederösterreichs. Wien 1982, S. 82–224

Michael Matzke, „Die Straßen Adolf Hitlers" – Reichsautobahnen 1933–1941. (Dipl.-Arb.) Wien 2008

Josef Mentschl/Gustav Otruba, Österreichische Industrielle und Bankiers. Wien 1965 (= Österreich-Reihe, 279/281)

Marc Mielzarjewicz, Lost Places. Schönheit des Verfalls. Halle an der Saale 2008

Das Museum im k. k. Artillerie-Arsenale zu Wien. In: Neue Militärische Zeitschrift, Jg. 1863, Heft 3, S. 345–352

Josef Mötz, Hirtenberger AG. Die ersten 150 Jahre. The First 150 Years. Hirtenberg 2010

Klaus-Dieter Mulley/Hans Leopold (Hrsg.), Österreichs Pulverschmiede. Die Rüstungsindustrie am Steinfeld/Groß Mittel. 125 Jahre Pottendorfer Linie. Ebenfurth 1996

Klaus-Dieter Mulley (Hrsg.), Geschoße – Skandale – Stacheldraht. Arbeiterschaft und Rüstungsindustrie in Wöllersdorf, Enzesfeld und Hirtenberg. Ebenfurth 1999

Lutz Musner, Der Geschmack von Wien. Kultur und Habitus einer Stadt. Frankfurt am Main 2009

P. Paulus Niemetz, Die projektierte Autobahnbrücke beim Stift Heiligenkreuz. In: Sancta Crux. Zeitschrift des Stiftes Heiligenkreuz, 30. Jahrgang (1968), S. 6–13

P. Paulus Niemetz, Die projektierte Autobahnbrücke, II. Teil. In: Sancta Crux. Zeitschrift des Stiftes Heiligenkreuz, 32. Jahrgang (1970), S. 47–71

Iwan Nikoloff, Vor 60 Jahren: Kriegsende an der Universitätssternwarte Wien. Bericht eines Zeitzeugen, exzerpiert und zusammengefasst von Univ.-Prof. Dr. Hermann Haupt, Graz. In: Sternenbote 2/2005

Ninjalicious (= Jeff Chapman), A User's Guide to the Art of Urban Exploration. Toronto 2005

Opll, Brunn am Gebirge · Perchtoldsdorf · Maria Enzersdorf am Gebirge. Wien 1984 (= Niederösterreichischer Kulturführer, herausgegeben von Felix Czeike)

Bertrand Perz, Rüstungsindustrie in Wiener Neustadt 1938–1945. In: Sylvia Hahn, Karl Flanner (Hg.), „Die Wienerische Neustadt". Handwerk, Handel und Militär in der Steinfeldstadt, Wien–Köln–Weimar 1994, S. 47–90

Ernst Peter, Die k. u. k. Luftschiffer- und Fliegertruppe Österreich-Ungarns 1794–1919. Stuttgart 1981

André Rathammer, Politik und Verwaltung am Beispiel einer niederösterreichischen Gemeinde: Bad Vöslau 1985–2005. (Dipl.-Arb.) Wien 2008

Realis (= Gerhard Robert Walter von Coeckelberghe-Dützele), Die kaiserliche Burg in Wien. Ein Wegweiser für Fremde und Einheimische. Wien: A. Pichler's Witwe & Sohn 1853

Johann und Irmtraud Redl, Merkenstein. Die Geschichte der Burgruine, des Schlosses & der Herrschaft Merkenstein. Eine Zusammenstellung. Hrsg. von der Stadtgemeinde Vöslau. Bad Vöslau 2009

Hermann Reining, Der Park des Schlosses Pottendorf – ein Naturdenkmal. In: Unsere Heimat. Zeitschrift des Vereines für Landeskunde von Niederösterreich und Wien, Jg. 51 (1980), S. 215–223

Wilhelm Scheidl, Der Weg der Fliegerstaffel 3.(H)14 vom Anschluß Österreichs an Deutschland bis zum Ende des Zweiten Weltkrieges (1938–1945)

Adolf Schmidl, Wien wie es ist. Die Kaiserstadt und ihre nächsten Umgebungen nach authentischen Quellen mit besonderer Berücksichtigung wissenschaftlicher Anstalten und Sammlungen. Wien 1837

Adolf Schmidl, Wien's Umgebungen auf zwanzig Stunden im Umkreise. Nach eigenen Wanderungen geschildert von Adolf Schmidl. 3 Bände. 1835–1839

Erhard Schütz/Eckhard Gruber, Mythos Reichsautobahn. Bau und Inszenierung der „Straßen des Führers" 1933–1941. Berlin 1996

Alwin Seifert, Ein Leben für die Landschaft. Düsseldorf–Köln 1962

Peter Selb, Leobersdorf. Ein Ort im Wandel der Zeit. Leobersdorf 2009

Georg Simmel, Die Ruine. In: Georg Simmel, Philosophische Kultur. Frankfurt am Main 2008, S. 123–128

Gerhard Sladek, Gebetsstätten für Soldaten des Österreichischen Bundesheeres. Teil 1: Wien. In: Militär & Seelsorge, herausgegeben von der Evangelischen Militärsuperintendentur, Themenheft 30/1.

Johann Slokar, Geschichte der österreichischen Industrie und ihrer Förderung unter Kaiser Franz I. Mit besonderer Berücksichtigung der Großindustrie und unter Benützung archivalischer Quellen verfaßt. Wien 1914

Chris Smeenk und Christian Wüthrich, Time Travel and Time Machines. In: The Oxford Handbook of Philosophy of Time. Edited by Craig Callender. Oxford 2011, S. 577 ff.

Monika Sommer, Marcus Gräser und Ursula Prutsch (Hrsg.), Imaging Vienna. Innensichten, Außensichten, Stadterzählungen. Wien 2006

Gerhard A. Stadler, Das industrielle Erbe Niederösterreichs. Geschichte – Technik – Architektur. Wien 2006

Anton von Steinbüchel, Beschreibung des Theseums und dessen unterirdischer Halle in dem öffentlichen Garten nächst der k. k. Burg. Wien 1827

Alfred Stohl, Der Narrenturm oder Die dunkle Seite der Wissenschaft. Wien · Köln · Weimar 2000

Ruth Strondi, Der Theseustempel. Dialog zwischen Antike und Gegenwartskunst. (Master-Thesis) Wien 2010

Irene Suchy, Strasshof an der Nordbahn. Die NS-Geschichte eines Ortes und ihre Aufarbeitung. Mit einem Beitrag von Judith Eiblmayr. Wien 2012

Ernst Theuer, Tragödie der Magnaten. Die Verschwörung von Murany bis zum Ödenburger Reichstag. Ein historischer Bericht. Wien–Köln–Graz 1979

Christa Veigl, Die Moderne im Kasernenbau. Zur Architektur der um 1900 gebauten Kaiser Franz Joseph-Kavallerie-Kaserne in Wien-Breitensee. In: Wiener Geschichtsblätter. Herausgegeben vom Verein für Geschichte der Stadt Wien, Jg. 65–66 (2010/2011), S. 281–293

Paul Virilio, Bunkerarchäologie. Herausgegeben von Peter Engelmann. Aus dem Französischen von Bernd Wilczek. Wien 2011

Georg Matthäus Vischer, Topographia Archiducatus Austriae Inferioris Modernae 1672. Reprint Graz 1976

Das Wasserschloss Michelstetten. Wehrkirche und Pilgerherberge. Hg. v. Helmut Karl Rester. Asparn an der Zaya 2002

Manfred Wehdorn/Ute Georgeacopol-Winischofer, Baudenkmäler der Technik und Industrie in Österreich: Wien, Niederösterreich, Burgenland. Wien 1984

Siegfried Weyr, Wien. Magie der Inneren Stadt. Wien-Hamburg 1968

Friedrich Winna, Die 1000jährige Geschichte des Wienerwaldes. Wien 2000

Karl Zellhofer und Martin Zellhofer, Verschwundenes Weinviertel. Über Greißler und Wirtshäuser, Kinos und Schulen, Bahnhöfe und Ziegelwerke, die es nicht mehr gibt. Eine Spurensuche. Wien 2016

Walter Franz Ziehensack, Land zwischen Thaya und Zaya. Wien–München 1975

BILDNACHWEIS

ÖNB-Bildarchiv/picturedesk.com: 56, 200
Votava/Imagno/picturedesk.com: 64
Knorr + Hirth/SZ-Photo/picturedesk.com: 65
Austrian Archives/Imagno/picturedesk.com: 68 (links)
Agentur Voller Ernst/dpa/picturedesk.com: 68 (rechts)
Hermine Grögl/picturedesk.com: 63, 69
Aloha/Interfoto/picturedesk.com: 70/71
Imagno/ÖNB/picturedesk.com: 132 (rechts)
Bildarchiv der Österreichischen Nationalbibliothek: 15
Universitätssternwarte Wien: 86
Privat: 18 (oben)
Wikimedia Commons: 122 (rechts)
Georg Matthäus Vischer, Topographia archiducatus Austriae Inferioris modernae (Wien 1672): 212

Alle anderen Fotos und Pläne: Robert Bouchal

EIN HERZLICHES DANKESCHÖN FÜR TATKRÄFTIGE HILFE UND UNTERSTÜTZUNG AN

Andreas Arbesser · Horst Biegler · Herbert Blau, FF Kaltenleutgeben · Harald Dorner · Wilhelm Dullnig · Sabine Eberhardt · Gerhard Eidler · Alexander Freiler · Andreas Fröhlich · Wolfgang Frühwirth · Josef Germ · Norbert Glasl · Reinhard Graf · Museum Guntramsdorf · Erich Gusel (†) · Dagmar Händler · Ferdinand Hauser · Michael Hebesberger, FF Enzesfeld · Werner Heiden · Eleonora Janoschek · Alexander Jirges · Hannelore Jirges · Viktor Kabelka · Tanja Kaplan · Reinhard Keimel · Silvia Klose · Werner Koizar · Felix Krepler · Friedrich Kuda · Karl Kummerer · Lucky Kummerer · Landesverein für Höhlenkunde in Wien und NÖ · Friedrich Lichtblau · Christian Linhart · Georg Loidolt · Günther Mandat · Emanuel Mauthe · Helmut Mayer · Österreichisches Luftfahrt-Archiv · Wolfgang Pink · Franz Pöchlinger · Franz Pokorny · Andreas Ramharter · Werner Richter · Heinz Rosezky · Thomas Rother · Oskar Rumpler · Reinhard Sattmann · Sabine Schabus · Alexander Schmid · Georg Schmid · Melanie Schmid · Sabine Schmid · Franz Schneider · Roland Schremser · Othmar Schweinberger · Pater Severin, Stift Heiligenkreuz · Andreas Simandl · Wilhelm Slawik · Renate Smida · Hannes Spess · Alfred Strauch · Dorothea Talaa · Rudolf Teufl · Johanna Uhrmann · Familie Ullmann · Rudolf Vogl · Franz Vukovich · Gerhard Weber · Monika Weber · Bruno Wegscheider · Sophie Wolf

Unser ganz besonderer Dank gilt Susanne und Kasia für ihre große Geduld bei unseren Recherchen und Forschungsarbeiten!

Für den Auftritt im www bedanken wir uns bei Andreas Hajek.

© Wilfried Gredler-Oxenbauer

ROBERT BOUCHAL arbeitet als Höhlenforscher, Fotograf und Autor und dokumentiert seit über 30 Jahren die geschichtsträchtigen Orte seiner Heimat Österreich. Zahlreiche seiner Publikationen finden Sie auf *www.bouchal.com*.

© Marija Kanizaj

JOHANNES SACHSLEHNER (Dr. phil.) ist Verlagslektor, Historiker und Autor zahlreicher Bücher zu historischen und kulturhistorischen Themen. Gemeinsam mit Robert Bouchal veröffentlichte er im Styria Verlag zuletzt den Band „Dunkles Wien. Orte des Schreckens und Verbrechens“.

Liebe Leserin, lieber Leser,

Haben Ihnen unsere Ausflüge zu den Lost Places in Wien und Umgebung gefallen? Dann freuen wir uns über Ihre Weiterempfehlung! Erzählen Sie in Ihrem Freundeskreis davon, in Ihrer Buchhandlung, oder bewerten Sie es online.

Wollen Sie weitere Informationen über die Lost Places in Wien und Umgebung? Möchten Sie mit den Autoren in Kontakt treten? Wir freuen uns auf Austausch und Anregung unter **leserstimme@styriabooks.at**

Inspiration, Geschenkideen und gute Geschichten finden Sie auf **www.styriabooks.at**

STYRIA
BUCHVERLAGE

ISBN 978-3-222-13669-6

Bücher aus der Verlagsgruppe Styria gibt
es in der Buchhandlung und im Online-Shop
www.styriabooks.at

Coverfoto: Das „Raumschiff" im Dach der neuen Burg
Fotos: Robert Bouchal
Layout- und Covergestaltung: Jefferson & Högerle
Satz: Johanna Uhrmann
Projektleitung: Johannes Sachslehner & Sophie Wolf
Herstellungsleitung: Maria Schuster

Druck und Bindung: DZS Grafik
Printed in the EU
7 6 5 4 3 2